丛书系国家社科基金重大招标项目《中国共产党百年奋斗中坚持敢于斗争经验研究》（项目编号：22ZDA015）阶段性成果。

奋 力 建 设 现 代 化 新 广 东 研 究 丛 书

中山大学中共党史党建研究院 编 张 浩 丛书主编

广东现代化建设的目标定位研究

张 浩 等 著

南方传媒 广东人民出版社

· 广州 ·

图书在版编目（CIP）数据

广东现代化建设的目标定位研究 / 张浩等著. -- 广州：广东人民出版社，2024.8.（奋力建设现代化新广东研究丛书）. -- ISBN 978-7-218-17736-6

Ⅰ. D676.5

中国国家版本馆CIP数据核字第2024RP3315号

GUANGDONG XIANDAIHUA JIANSHE DE MUBIAO DINGWEI YANJIU

广东现代化建设的目标定位研究

张 浩等 著

出 版 人：肖风华

出版统筹：卢雪华
策划编辑：曾玉寒
责任编辑：伍茗欣　李宜励
装帧设计：广大迅风艺术　刘瑞锋
责任技编：吴彦斌

出版发行：广东人民出版社
地　　址：广州市越秀区大沙头四马路10号（邮政编码：510199）
电　　话：（020）85716809（总编室）
传　　真：（020）83289585
网　　址：http://www.gdpph.com
印　　刷：广州市豪威彩色印务有限公司
开　　本：787mm×1092mm　1/16
印　　张：13.25　字　　数：240千
版　　次：2024年8月第1版
印　　次：2024年8月第1次印刷
定　　价：59.00元

如发现印装质量问题，影响阅读，请与出版社（020-85716849）联系调换。
售书热线：（020）87716172

奋力建设现代化新广东研究丛书
编委会

▶ 总　序

　　古代广东处于中国大陆的最南端，南有茫茫大海、北有五岭的重重阻隔，且远离中国的政治经济文化中心。然而，近代以来，广东却屡开风气之先。广东是反抗外国侵略的前哨，同时又是外国新事物传入中国的门户，地处东西文明交流的前沿，一直扮演着现代化先行者的角色。许多重大历史事件和著名历史人物不约而同和广东联系在一起，使广东在整个近代中国居于一种特殊的地位。中国近代史的第一页就是在广东揭开的。两次鸦片战争都在广东发生，西方国家用大炮打开中国大门，首先打的是广东。而中国人民反抗外国侵略的斗争，也首先是从广东开始的。众所周知，1840年英国侵略者以林则徐在广东虎门销烟为由，发动侵略中国的鸦片战争，这是中国近代史开端的标志。作为近代中国人民第一次反侵略斗争的三元里抗英斗争即发生在广东，因此广东成为中国反对外来侵略的前沿阵地。广东也产生了一大批在中国乃至世界上都有影响力的思想家、革命家。他们站在时代的前列，探索救国救民的真理，投身于救国救民的运动，推动和影响了近代中国发展的历史进程。毛泽东在《论人民民主专政》一文中谈到近代先进的中国人向西方寻求救国真理，他举出四个代表人物，即洪秀全、严复、康有为和孙中山，这四个人中有三个是广东人。从洪秀全领导的太平天国起义，到康有为等人领导的维新运动，这些广东仁人志士对救国良方的寻觅，都推动了中国早期的现代化进程。特别是孙中山先生在《建国方略》中曾对中国现代化景象作出过天才般的畅想。然而，遗憾的是，由于没有先进力量的领导、没有科学理论的指导，民族独立无法实现，现代化也终究是水月镜花。

1921年7月，中国共产党的诞生，是开天辟地的大事变，标志着中国的革命事业有了主心骨、领路人。广东是大革命的策源地、中国共产党领导革命斗争的重要发源地之一、中国共产党探索革命道路的核心区域之一和全国敌后抗日三大战场之一。革命战争年代，广东英雄人物辈出，其中陈延年、张太雷、邓中夏、蔡和森、张文彬等人为中国革命献出了宝贵生命；彭湃烧毁自家田契，领导了海陆丰农民运动，为人民利益奋斗终身；杨殷卖掉自己广州、香港的几处房产，为革命事业筹集经费，最后用生命捍卫信仰……这些铮铮铁骨的共产党人用生命为民族纾困，为国家分忧。总之，广东党组织在南粤大地高举革命旗帜28年而不倒，坚持武装斗争23年而不断，为中国新民主主义革命的胜利作出了巨大的贡献，从而为现代化事业发展准备了根本条件。

新中国成立后，广东砥砺前行，开始了探索建设社会主义现代化的伟大实践。在"四个现代化"宏伟目标的指引下，中共广东省委带领广东人民以"敢教日月换新天"的勇气和斗志，发展地方工业，完成社会主义改造，建立起社会主义基本制度，拉开大规模社会主义建设的序幕。此后，广东又在国家投资支援极少的情况下，自力更生建立了比较完整的工业体系和国民经济体系。这一时期，全省兴建了茂名石油工业公司、广州化工厂、湛江化工厂、广州钢铁厂以及流溪河水电站、新丰江水电站等骨干企业，改组、合并和新建了200多家机械工业企业，工农业生产能力明显增强。这一时期，广东社会主义现代化建设事业经过长期而艰苦的实践探索，在农业、工业、科学技术等方面取得了一系列突出成就，为推进社会主义现代化奠定了坚实的物质基础。

党的十一届三中全会以来，广东充分利用中央赋予的特殊政策和灵活措施，在改革开放中先行一步，走出了一条富有广东特色的现代化发展路径。广东大胆地闯、大胆地试，以"敢为天下先"的历史担当和"杀出一条血路"的革命精神，带领全省人民解放思想，在改革开放探索中先行一步。"改革开放第一炮"作为"冲破思想禁锢的第一声春雷"响彻深圳蛇口上空，"时间就是金钱，效率就是生命"的口号传遍祖国大地。在推进经济特区建设、经济体制改革，发展外向型经济，率先建立社会主义市场经济体制的过程中，广东以改革精神破冰开局，实现了第一家外资企业、第一个出口加工区、第一张股票、第一批农民工、第一家涉外酒店、第一个商品房小区等多个"第一"；探索出"前店后厂""三来一补""外向带动""腾笼换鸟、造林引凤""粤港澳合作"等诸多创新之路。相关数据显示，至2012年，城乡居民人均可支配收入分别为30226.71元和10542.84元；城镇化水平达67.4%，人均预期寿命提高到76.49岁，高等教育毛入学率超过32%。作为改革开放的先行地，广东还贡献了现代化的创新理念、思路和实践经验。"珠江模式""深圳速度""东莞经验"等在全国产生了巨大影响，为探索中国特色社会主义现代化道路贡献了实践模板。总之，改革开放风云激荡，南粤大地生机勃勃，广东人民生活已经实现从温饱到总体达到小康再到逐步富裕的历史性跨越，为基本实现现代化打下了良好的基础。

党的十八大以来，中国特色社会主义进入新时代。习近平总书记对广东全面深化改革、全面扩大开放、深入推进现代化事业高度重视，先后在改革开放40周年、经济特区建立40周年、改革开放45周年等重要节点到广东视察，寄望广东"继续在改革开放中发挥窗口作用、试验作用、排头兵作用"，勉励广东"继续全面深化改革、全面扩大开放，努力创造出令世界刮目相看的新的更大奇迹"，要求广东"以更大魄力、在更高起点上推进改革开放"，嘱托广东在新征程上要"在全面深化改革、扩大高水平对外开放、提升科技自立自强能力、建设现代化产业体系、促进城乡区域协调发展等方面继续走在全国前列，在推进中国式现代化建设中走在前列"，这为广东推动改革开放和社会主义现代化向更深层次挺进、更广阔领域迈进指明了方向。在以习近平同志为核心的党中央的亲切关怀和坚强领导下，广东高举习近平新时代中国特色社会主义思想伟大旗帜，坚持改革不停顿、开放不止步，进一步解放思想、改革创新，进一步真抓实干、奋发进取，不断开创广东现代化建设新局面。广东立定时代潮头，坚持改革开放再出发，勇当中国式现代化的领跑者。广东以习近平总书记对广东的重要讲话和重要指示批示精神统揽工作全局，加强对中央顶层设计的创造性落实，不断围绕服务国家重大战略贡献长板、担好角色，以全面深化改革为鲜明导向，纵深推进粤港澳大湾区、深圳先行示范区建设，推动横琴、前海、南沙三大平台稳健起步，实现了经济平稳较好发展和社会和谐稳定，确保经济、政治、文化、社会、生态文明建设"五位一体"统筹推进，在经济高质量发展、文化强省建设、法治广东建设、生态文明建设以及民生事业发展等方面取得具有历史意义的新成就。2023年广东GDP达到13.57万亿元，经济总量连续35年全国第一，区域创新综合能力连续7年全国第一，规上工业企业超7.1万家，高新技术企业超过7.5万家，19家广东企业进入世界500强，超万亿元、超千亿元级产业集群分别达到8个和10个，"深圳—香港—广州"科技集群位居全球前列，建成国际一流的机场、港口、公路及营商环境，新质生产力发展势头良好，这为广东在推进中国式现代化建设中走在前列奠定了坚实的物质基础。

中国式现代化前途光明，任重道远。广东是东部发达省份、经济大省，以占全国不到2%的面积创造了10.7%的经济总量，在中国式现代化建设的大局中地位重要、作用突出，完全能够在现代化建设、高质量发展上继续走在全国前列。

促发展争在朝夕，抓落实重在实干。为了更好落实"在推进中国式现代化建设中走在前列"这一习近平总书记对广东的深切勉励、殷切期望和战略指引，2023年6月20日，中共广东省委十三届三次全会作出"锚定一个目标，激活三大动力，奋力实现十大新突破"的"1310"具体部署。这是紧跟习近平总书记、奋进新征程的坚定态度和郑重宣示，是把握大局、顺应规律、立足实际的科学布局，是推进中国式现代化的广东实践的施工图、任务书。时间不等人、机遇不等人、发展不等人。唯有大力弘扬"闯"的精神、"创"的劲头、"干"的作风，一锤一锤接着敲、一件一件钉实钉牢，才能把蓝图变为现实，推动广东在推进中国式现代化建设中走在前列。

岭南春来早，奋进正当时。2024年2月18日是农历新春第一个工作日，继去年"新春第一会"之后，广东再度召开全省高质量发展大会，这次大会强调"接过历史的接力棒，建设一个现代化的新广东，习近平总书记、党中央寄予厚望，父老乡亲充满期待，我们这代人要有再创奇迹、再写辉煌的志气和担当，才能不辜负先辈，对得起后人"，吹响了奋力建设一个靠创新进、靠创新强、靠创新胜的现代化新广东的冲锋号角，释放出"追风赶月莫停留、凝心聚力加油干"的鲜明信号。向天空探索、向深海挺进、向微观进军、向虚拟空间拓展，广东以"新"提"质"，以科技改造现有生产力，积极催生新质生产力，不断增强高质量发展的"硬实力"。观大局、抓机遇、行大道，广东作为经济大省、制造业大省，不断筑牢实体经济为本、制造业当家的根基，持续推动高质量发展，必将创造新的伟大奇迹。

2024年7月15日至18日，中国共产党第二十届中央委员会第三次全体会议在北京举行。党的二十届三中全会是在新时代新征程上，中国共产党坚定不移高举改革开放旗帜，紧紧围绕推进中国式现代化进一步全面深化改革而召开的一次十分重要的会议。全会审议通过的《中共中央关于进一步全面深化改革、推进中国式现代化的决定》，深入分析推进中国式现代化面临的新情况新问题，对进一步全面深化改革作出系统谋划和部署，既是党的十八届三中全会以来全面深化改革的实践续篇，也是新征程推进中国式现代化的时代新篇，擘画了进一步全面深化改革的蓝图，发出了向改革广度和深度进军的号令。广东全省上下要闻令而动，积极响应党中央的号召，全面贯彻落实党的二十届三中全会各项部署，以走在前列的担当进一步全面深化改革，扎实推进中国式现代化的广东实践。要围绕强化规则衔接、机制对接，把粤港澳大湾区建设作为全面深化改革的大机遇、大文章抓紧做实，携手港澳加快推进各领域联通、贯通、融通，持续完善高水平对外开放体制机制，依托深圳综合改革试点和横琴、前海、南沙、河套等重大平台开展先行先试、强化改革探索，努力创造更多新鲜经验，牵引带动全省改革开放向纵深推进。要围绕构建新发展格局、推动高质量发展，进一步深化经济体制改革，着眼处理好政府和市场的关系，加快构建高水平社会主义市场经济体制；着眼发展新质生产力，健全推动经济高质量发展体制机制；着眼补齐最突出短板，健全促进城乡区域协调发展的体制机制，更好激发广东发展的内生动力和创新活力。要围绕推进高水平科技自立自强，加快构建支持全面创新体制机制，深化教育综合改革、科技体制改革、人才发展体制机制改革，打通创新链、产业链、资金链、人才链，着力提升创新体系整体效能。要围绕提升改革的系统性、整体性、协同性，统筹推进民主、法治、文化、民生、生态等各领域改革，确保改革更加凝神聚力、协同高效。要围绕构建新安全格局，扎实推进国家安全体系和能力现代化，全面贯彻总体国家安全观，加强国家安全体系建设，完善公共安全治理机制，持续加强和创新社会治理，切实保障社会大局平安稳定。要围绕提高对进一步全面深化改革、推进中国式现代化的领导水平，切实加强党的全面领导和党的建设，始终坚持党中央对全面深化改革的集中统一领导，深化党的建设制度改革，健全完善改革推进落实机制，充分调动广大党员干部抓改革、促发展的积极性、主动性、创造性，以钉钉子精神把各项改革任务落到实处。

站在新的历史起点上，回望我们党领导人民夺取革命、建设、改革伟大胜利的光辉历程和广东取得的举世瞩目的发展成就，眺望强国建设、民族复兴的光明前景和广东现代化建设的美好未来，我们更加深刻感到，改革开放必须坚定不移，广东靠改革开放走到今天，还要靠改革开放赢得未来；更加深刻感到，改革开放需要群策群力，进一步全面深化改革，每个人都不是局外人旁观者，都是参与者贡献者；更加深刻感到，改革开放务求真抓实干，中国式现代化是干出来的，伟大事业都成于实干。岭南处处是春天，一年四季好干活。全省上下要从此刻开始，从现在出发，拿出早出工、多下田、干累活的工作热情，主动投身到进一步全面深化改革的宏伟事业中来，以走在前列的闯劲干劲拼劲，推动改革开放事业不断取得新进展新突破，推动高质量发展道路越走越宽，让创新创造社会财富的活力竞相迸发、源泉充分涌流，奋力建设好现代化新广东，切实推动广东在推进中国式现代化建设中走在前列，为强国建设、民族复兴作出新的更大贡献！

在中华人民共和国成立75周年、中山大学建校100周年之际，中山大学中共党史党建研究院组织专家撰写的《奋力建设现代化新广东研究丛

书》的出版，具有重要的政治意义和纪念意义。同时，这套丛书也是国家
社科基金重大招标项目《中国共产党百年奋斗中坚持敢于斗争经验研究》
（项目号：22ZDA015）的阶段性成果，丛书的出版也有一定的学术意义。

希望这套丛书在深化对党的二十大精神和习近平总书记视察广东重要
讲话、重要指示精神如何在岭南大地落地生根、结出丰硕成果的研究阐释
方面立新功，在深化对广东推进中国式现代化的创新举措和发展经验研究
方面谋新篇，在推动中山大学围绕中央和地方经济社会发展需要开展对策
研究和前瞻性战略研究方面探新路。

是为序。

中山大学中共党史党建研究院

2024年8月

目录
CONTENTS

导　论　　　　　　　　　　　　　　　　　　　　　　　001

1 第一章
着眼强国建设、民族复兴深刻认识总目标蕴含的新使命

一、强国复兴是凝聚全党全国人民奋勇前进的宏伟目标　010

（一）党的二十大擘画宏伟蓝图、吹响新征程的时代号角 011

（二）强国复兴是党的领导、国家意志和人民意愿的高度

统一　　　　　　　　　　　　　　　　　　　013

（三）以中国式现代化的伟大实践汇聚强国复兴磅礴伟力 016

二、强国复兴新起点上的广东新担当　019

（一）高举旗帜、矢志前列，传承百年复兴中的广东担当 020

（二）精准定位、直面挑战，绵亘战略性破局的广东样板 023

（三）守正创新、敢为人先，延续现代化建设的广东华章 025

三、新时代新征程上的广东新使命 **028**

（一）牢记嘱托、人民至上，勇担强国复兴大任 028

（二）立足大局、系统推进，全面深化改革开放 031

（三）实干为要、攻坚克难，先行示范现代化之路 033

2 第二章
着眼高质量发展深刻认识总目标蕴含的新要求

一、高质量发展是全面建设社会主义现代化国家的首要任务 **038**

（一）高质量发展关系我国社会主义现代化建设全局 039

（二）高质量发展是中国式现代化的底色和支撑 042

（三）高质量发展是广东省实现现代化的根本出路 044

二、新时代广东推进高质量发展的实践与成就 **047**

（一）纵深推进"双区"建设，打造高质量发展的动力源 047

（二）形成新发展战略格局，筑牢高质量发展的支撑点 049

（三）促进城乡区域协调发展，锻造高质量发展的潜力板 052

三、在新起点上确保广东始终在高质量发展中走在前列 **055**

（一）更加主动转变发展方式 056

（二）更加强化吸聚高水平要素资源的势能 059

（三）更加坚定践行以人民为中心的发展思想 062

3 第三章
着眼构建新发展格局深刻认识总目标蕴含的新期待

一、构建新发展格局是把握未来发展主动权的战略布局与先
手棋 **070**

（一）科学认识与研判全球竞争新格局的历史必然 071

（二）着眼两个大局下中国式现代化新征程的理论必然 073

（三）全面深刻谋划高质量发展的实践必然 075

二、广东构建新发展格局有战略条件有特色 **076**

（一）习近平总书记高度关心广东工作 077

（二）广东构建发展新格局具备强大的经济基础 078

（三）广东构建发展新格局受到国家重大战略持续赋能 081

三、切实发挥好广东在新发展格局中的支撑作用 **086**

（一）坚持以全面深化改革为引领 086

（二）坚持以高质量发展为核心 088

（三）坚持以制度型开放为底座 091

4 第四章
着眼推进中国式现代化建设深刻认识总目标蕴含的新标高

一、以"五位一体"总体布局明确广东新标高 **096**

（一）以富强作为广东经济现代化新标高 096

（二）以民主作为广东政治现代化新标高　100

（三）以和谐作为广东社会现代化新标高　101

（四）以文明作为广东文化现代化新标高　106

（五）以美丽作为广东生态现代化新标高　107

二、在"抓重点、扬优势、补短板、强弱项"中锚定广东
新标高　111

（一）聚焦经济高质量发展，推进国内国际双循环　111

（二）以"再造一个广东"的精神，打造中国式现代化
广东样板　114

（三）依靠自身独特优势，改善区域发展不均衡、不协调、
不充分　117

（四）增强优秀文化资源转化，积极构建广东文化强省　120

三、奋力走在中华民族现代文明建设前列指引广东新标高　123

（一）中华民族现代文明建设的科学内涵与目标定位　123

（二）中华民族现代文明建设的广东路径　125

四、以发展新质生产力夯实广东新标高　127

（一）从战略高度认识发展新质生产力的重大意义　128

（二）发展新质生产力对广东发展的独特价值　132

（三）广东发展新质生产力的实践路径　134

第五章

着眼优势和挑战正确认识广东所处的历史方位

一、"走在前列"是广东义不容辞的责任使命　　**138**

（一）广东是改革开放的排头兵、先行地、实验区　　138

（二）"走在前列"是新时代党中央对广东一以贯之的

要求　　142

二、把握好利用好广东具有的优势条件　　**145**

（一）重大战略叠加优势　　145

（二）物质基础优势　　149

（三）精神支撑优势　　152

三、清醒看到前进道路上面临的挑战　　**155**

（一）外部形势变化带来的挑战　　155

（二）国情发展变化带来的挑战　　158

（三）省情发展变化带来的挑战　　160

第六章

以"再造一个新广东"的闯劲干劲拼劲再出发

一、摒弃守的心态、振奋创的精神　　**164**

（一）发挥"敢闯敢试、敢为人先"的精神气概　　165

（二）坚持"解放思想、守正创新"的创新理念　　167

（三）发扬"披荆斩棘、埋头苦干"的行为作风　　170

二、着力激活改革、开放、创新"三大动力"   **172**

（一）坚持把全面深化改革作为推进中国式现代化的根本

动力   172

（二）推进更大范围、更宽领域、更深层次、更高水平的

对内对外开放   175

（三）牢牢把握创新第一动力，把科技创新作为重中之重   177

三、奋力实现"十大新突破"   **178**

（一）在牵引全面深化改革开放上取得新突破   179

（二）在建设更具国际竞争力的现代化产业体系上取得

新突破   180

（三）在实现高水平科技自立自强上取得新突破   181

（四）在城乡区域协调发展上取得新突破   181

（五）在打造海上新广东上取得新突破   182

（六）在打造人与自然和谐共生的现代化广东样板上取得

新突破   183

（七）在交出物质文明和精神文明两份好的答卷上取得新突破   184

（八）在推动共同富裕上取得新突破   185

（九）在构建新安全格局上取得新突破   185

（十）在营造良好政治生态上取得新突破   186

结　语   **188**

后　记   **191**

▸ 导　论

　　2023年4月10日至13日，习近平总书记亲临广东视察并发表重要讲话、作出系列重要指示。习近平总书记寄望广东在推进中国式现代化建设中走在前列，一锤定音明确了广东工作的总目标，也为广东指明了现代化建设的目标定位。

　　广东是改革开放的排头兵、先行地、实验区，在我国改革开放和社会主义现代化建设大局中具有十分重要的地位和作用。"走在前列"，是习近平总书记、党中央对广东经济社会发展各项工作一以贯之的要求。2017年4月4日，习近平总书记对广东工作作出重要批示，希望广东"在全面建成小康社会、加快建设社会主义现代化新征程上走在前列"。2018年3月7日，习近平总书记在十三届全国人大一次会议期间参加广东代表团审议时提出，希望广东在构建推动经济高质量发展体制机制、建设现代化经济体系、形成全面开放新格局、营造共建共治共享社会治理格局上走在全国前列。2020年10月，习近平总书记到广东视察并出席深圳经济特区建立40周年庆祝大会，要求广东"努力在全面建设社会主义现代化国家新征程中走在全国前列、创造新的辉煌"。

　　广东为何能在中国式现代化建设中"走在前列"？这是因为广东具有"走在前列"的基础和条件。改革开放以来特别是党的十八大以来，广东以新发展理念引领现代化建设，形成推进广东现代化建设的具体行动方案和施工图，在中国式现代化建设方面做出了很多有益的探索，取得了累累硕果。

创新是中国迈向现代化强国的动力支撑，也是发展速度、质量、效能及核心竞争力的决定因素。广东深入实施创新驱动发展战略，在工作布局上把创新摆在核心位置来谋划，把创新驱动发展作为全省发展核心战略和总抓手，制定出台"科技创新十二条"，组织实施九大重点领域研发计划，引导企业加大研发投入，加快建设更高水平的科技创新强省和人才强省，坚定不移地走创新立省之路。"十三五"时期，全省研发经费支出从1800亿元增加到3200亿元，占地区生产总值比重从2.4%提高到2.9%。目前，广东区域创新综合能力连续5年居全国首位，知识产权综合发展指数连续9年全国第一，发明专利有效量、PCT国际专利申请量稳居全国第一，国家高新技术企业突破6万家。产业转型升级步伐加快，20个战略性产业集群支撑作用凸显、增加值约占地区生产总值的1/3强。进入世界500强企业增至17家，累计有2万家规模以上工业企业实现数字化转型。

协调是中国迈向现代化强国的重要目标，也是增强发展整体性协调性的关键所在。协调发展，反映了发展两点论和重点论的统一，发展平衡和不平衡的统一，发展短板和潜力的统一，集中体现了唯物辩证法在解决我国发展问题上的方法论意义。广东把提高发展平衡性协调性作为高质量发展的重要内容，高质量构建"一核一带一区"区域发展格局。目前，珠三角核心区发展能级不断提升，广州、深圳辐射带动作用显著增强，佛山、东莞进入万亿元城市行列。沿海经济带海上风电、核电、绿色石化、海工装备等产业特色突出，巴斯夫、埃克森美孚、中海壳牌等百亿美元重大项目相继落地。北部生态发展区绿色发展优势凸显，现代农业、休闲旅游、绿色低碳产业等加快发展。同时，广东积极统筹大湾区与粤东粤西粤北地区生产力布局，完善省内对口帮扶机制，加大对粤东粤西粤北公共资源支持力度，启动建设广清经济特别合作区，加快建设深汕特别合作区、深河产业共建示范区，出台支持老区苏区和民族地区发展的政策措施，有力破解了城乡发展、区域发展不平衡等问题。

　　绿色是中国迈向现代化强国的必然要求，也是实现可持续发展的亮丽底色。广东致力于探索一条经济建设与生态保护协调发展之路，在全国率先实施环保实绩考核制度，全面实行生态文明建设考核，大力推动产业结构、能源结构的调整。2021年全省森林覆盖率达58.74%，珠三角地区9市全部建成国家森林城市，珠三角成为全国首个国家级森林城市群建设示范区。深入打好污染防治攻坚战，强力整治生态环境突出问题，绿色低碳发展水平不断提高。聚焦水、大气、土壤等重点领域持续攻坚，全面实施河湖长制，大力开展河湖"清四乱"行动，基本消除国家挂牌督办的527条黑臭水体，国考断面水质优良率达89.9%，近岸海域水质优良率达90.2%。超额完成国家下达的节能减排目标任务，空气质量优良天数比例达95.5%，PM2.5浓度降至22微克/立方米，"南粤蓝"成为常态。

　　开放是中国迈向现代化强国的鲜明旗帜。历史经验和改革开放实践告诉我们，开放带来进步，封闭必然落后。开放是国家繁荣发展的必由之路，也是广东走在全国前列的关键一招。广东充分发挥产业、区位和市场优势，更好利用国内国际两个市场、两种资源，增强畅通国内大循环和联通国内国际双循环的功能，深入推进"双区"建设、两个合作区建设和"双城"联动，提高自贸区、开发区等建设水平，率先引领推进制度型开放，营造国际一流的营商环境；深度参与"一带一路"建设，用好区域全面经济伙伴关系协定等自贸和投资协定，健全对外开放安全保障体系，提高开放型经济发展质量。全球疫情蔓延让国际贸易形势变得复杂严峻，但广东通过网上举办广交会，实施"粤贸全球"计划，外贸进出口规模和市场份额保持稳定。实施了贸易高质量发展"十大工程"，线上线下举办第130届广交会、中国航展、中博会等重大展会，开展"粤贸全球""粤贸全国"经贸活动200多场。2021年，广东进出口总额突破8万亿元，比上年增长16.7%。其中对"一带一路"沿线国家（地区）进出口额20419.3亿元，增长16.3%。新设外商直接投资企业16155个，比上年增长25.6%。实际使用外商直接投资金额1840.02亿元，比上年增长13.6%。

共享是中国特色社会主义的本质要求，也是中国迈向现代化强国的奋斗方向。让广大人民群众共享改革发展成果，是社会主义制度优越性的集中体现，反映了社会主义生产目的的要求。广东始终坚持以人民为中心，把推进共同富裕摆在现代化建设更加重要的位置，把安全贯穿发展各领域和全过程，持之以恒保障和改善民生，每年坚持扎实办好十件民生实事，不断增强人民群众获得感、幸福感、安全感，让高质量发展成果更多更公平惠及全体人民。2020年，广东安排民生类支出1.26万亿元，约占一般公共预算支出的七成。截至目前，广东社会保障卡持卡人数1.14亿人次，总量居全国首位。"十三五"期间全省财政累计投入近200亿元养老服务体系建设资金，基本建成15分钟城市养老服务圈。近五年，广东城乡低保、特困人员救助供养、孤儿基本生活保障、残疾人两项补贴等底线民生保障水平均持续提高，位居全国前列。广东正成为全国最安全稳定、最公平公正、法治环境最好的地区之一。

2022年，广东全省地区生产总值12.9万亿元，连续34年居全国第一，不仅实现了经济总量赶超"亚洲四小龙"的目标，也同全国人民一道如期打赢脱贫攻坚战，如期全面建成小康社会，踏上向第二个百年奋斗目标进军的新征程，在改革开放最前沿充分彰显了中国特色社会主义制度的无比优越性，充分彰显了习近平新时代中国特色社会主义思想的强大真理力量和磅礴实践伟力，充分彰显了中国式现代化是实现中华民族伟大复兴的康庄大道。广东的成功探索，是中国共产党把马克思主义基本原理同中国具体实际相结合、同中华优秀传统文化相结合，坚持走中国式现代化道路的精彩实践和成功范例。回顾广东发展的实践，有利于我们更加生动、鲜明地领悟中国式现代化道路的丰富内涵和宽广外延。

习近平总书记殷切希望广东"在推进中国式现代化建设中走在前列",既明确了广东在全国大局中的总定位总目标,也为广东人民描绘了催人奋进的宏伟蓝图。广东将始终牢记习近平总书记的殷殷嘱托,结合习近平总书记赋予广东的使命任务,立足新的历史方位,找准出发点、着力点、突破点,谋划广东现代化建设的行动方案和施工图,以生动实践在南粤大地展开对中国式现代化的精彩演绎,奋力书写中国式现代化广东新篇章。

"走在前列",要求广东要把准方向,把习近平总书记的战略擘画变为现实。广东在推进中国式现代化建设中走在前列,最根本的是坚持和加强党的全面领导,始终用习近平新时代中国特色社会主义思想来统一思想、统一意志、统一行动。党的十八大以来,习近平总书记先后四次视察广东、两次参加全国两会广东代表团审议,每到广东发展进入关键时刻、来到重要关口,都及时为广东定向导航,指引广东在新时代伟大征程中化危机、育先机,应变局、开新局。要从全局高度、以历史眼光深入学习贯彻习近平总书记对广东系列重要讲话、重要指示精神,深刻领悟"两个确立"的决定性意义,增强"四个意识"、坚定"四个自信"、做到"两个维护",深入领会习近平总书记对广东走在前列一以贯之的要求,对广东全面深化改革、扩大高水平对外开放一以贯之的要求,对广东贯彻新发展理念、推动高质量发展一以贯之的要求,对广东提高发展平衡性和协调性一以贯之的要求,对广东统筹发展和安全一以贯之的要求,对广东加强党的全面领导和党的建设一以贯之的要求,坚定不移沿着习近平总书记指引的方向推进中国式现代化的广东实践。

"走在前列",要求广东锚定目标,自觉肩负起沉甸甸的历史责任。习近平总书记赋予广东在推进中国式现代化建设中走在前列的使命任务,明晰了广东要向哪里进发、发挥什么样的作用、达到怎样的高度，设定了广东奋进新征程的时代标高，一锤定音明确了广东工作的总目标。新征程上，必须锚定"走在前列"总目标，自觉以总目标统领广东各项工作，努力在改革发展上一马当先，在战风斗雨中立马阵前，牢牢掌握战略主动、发展主动，始终立定时代潮头，在各领域全方位走在前列。其中，首要的就是深刻把握总目标蕴含的丰富新内涵，着眼强国建设、民族复兴深刻认识总目标蕴含的新使命，着眼高质量发展深刻认识总目标蕴含的新要求，着眼构建新发展格局深刻认识总目标蕴含的新期待，着眼推进中国式现代化建设深刻认识总目标蕴含的新标高。

"走在前列"，要求广东聚焦事关未来发展的全局性关键性重大课题，大兴调查研究，形成具体行动方案和施工图。要深入思考研究如何担起在推进中国式现代化建设中走在前列的历史使命，如何落实粤港澳大湾区"新发展格局的战略支点、高质量发展的示范地、中国式现代化的引领地"的全新定位，如何推进全面深化改革、扩大高水平对外开放，如何打造具有全球影响力的产业科技创新中心，如何把制造业这个立省之本做强筑牢，如何推动城乡区域协调发展，如何更好推进生态文明建设，如何全面建设海洋强省，如何扎实推进两个文明协调发展，如何加强党的全面领导和党的建设，总结历史经验，深入分析形势，找准风险挑战所在、战略机遇所在，找准新征程上广东发展的优势、短板、目标、差距所在，按照走在前列的要求做前瞻性思考、全局性谋划、整体性推进，创先争优、苦干实干，推动广东更好走向现代化。

"走在前列"，要求广东坚定信心，把握好利用好自身"十大优势"。在推进中国式现代化建设中走在前列，必须立足广东所处的历史方位，认清广东从哪里出发、具有怎样的条件，从具备的优势和面临的问题入手，抓住主要矛盾和矛盾的主要方面，准确标定着力点、突破点，确保工作切合实际、有的放矢，昂扬坚定朝着总目标进发。要把广东的国家战略叠加优势、规模经济优势、强大市场优势、要素禀赋动态升级优势、综合制造优势、基础设施优势、发展环境优势、生态优势、人文优势、政治生态优势进一步展现出来，同时也要清醒看到前进中的困难问题挑战，坚持抓重点、扬优势、补短板、强弱项，一步步朝着总目标迈进。

"走在前列"，要求广东大力弘扬"闯"的精神、"创"的劲头、"干"的作风，把贯彻落实习近平总书记视察广东重要讲话、重要指示精神，变成广东以高质量发展为牵引推进现代化建设的实际成效。"闯"蕴藏着无限可能，同时要立足实际、把握规律，杜绝盲目、冒进、蛮干；"创"要解放思想、冲破观念束缚，前提是牢牢把握正确方向，沿着正确道路前进。迈步新征程，我们要坚定正确方向，以"闯"的精神引领工作，以"创"的劲头推进工作，在推进改革、激发创造方面拿出更多实实在在的举措，在落实部署、推进工作方面更加脚踏实地地"干"，奋力谱写全面建设社会主义现代化国家的广东篇章。在这个千帆竞发、百舸争流的时代，加快"双区"建设、推动高质量发展、打造新发展格局战略支点等一系列重大任务等待着我们去完成，绝不能有半点骄傲自满、故步自封，也绝不能有丝毫犹豫不决、徘徊彷徨。只有勇立潮头、奋勇搏击、锐意进取，才能有所作为、有所创造；只有昂扬斗志、永不懈怠、永不停滞，才能在奋进中推进事业、光大事业。

潮头登高再击桨，无边胜景在前头。奋进中国式现代化新征程，其难度、广度和深度绝不亚于40多年前改革开放的启程。广东在实现第一个百年奋斗目标征程上走在了前列，绝不意味着自然而然就会在奔向第二个百年奋斗目标中继续走在前列。必须摒弃守的心态、振奋创的精神，在继往开来中再闯新路，传承弘扬广东改革开放开创者先行者们的改革精神、革命精神，无私无畏、有胆有识，敢闯敢试、敢为人先，以"踏平坎坷成大道、斗罢艰险又出发"的顽强意志应对种种艰险、克服重重困难，一路前行、一路突破、一路引领，奋力书写中国式现代化广东新篇章。要振奋精神，再创让世界刮目相看的新奇迹。

第一章

着眼强国建设、民族复兴深刻认识总目标蕴含的新使命

CHAPTER1

新时代新征程，江山壮丽，气象万千。在第十四届全国人民代表大会第一次会议上，习近平总书记发出号召："团结奋斗，开拓创新，在新征程上作出无负时代、无负历史、无负人民的业绩，为推进强国建设、民族复兴作出我们这一代人的应有贡献！"[①]习近平总书记的重要讲话思想深邃、内涵深刻，给人启迪和鼓舞。新征程上，广东省要着眼强国建设、民族复兴深刻认识总目标蕴含的新使命，认真落实"锚定一个目标，激活三大动力，奋力实现十大新突破"的"1310"部署，把习近平总书记的殷殷嘱托和党的二十大精神转化为切实高效的治理效能，在新的历史起点上向着新的奋斗目标进发。

 一 强国复兴是凝聚全党全国人民奋勇前进的宏伟目标

知其所来，识其所在，明其将往。党的二十大科学谋划了党和国家事业发展的目标任务、大政方针，是奋进新征程、开创新伟业的政治宣言，是初心映民心、党兴耀复兴的行动纲领，是马克思主义中国化时代化的新境界，对于引领时代、开创未来具有重大理论意义和实践意义。习近平总书记在党的二十大报告中指出，新时代新征程中国共产党的使命任务"就是团结带领全国各族人民全面建成社会主义现代化强国、实现第二个百年

---

① 《在第十四届全国人民代表大会第一次会议上的讲话》，《人民日报》2023年3月14日。

奋斗目标，以中国式现代化全面推进中华民族伟大复兴"①。

（一）党的二十大擘画宏伟蓝图、吹响新征程的时代号角

党的二十大擘画了全面建设社会主义现代化国家、以中国式现代化全面推进中华民族伟大复兴的宏伟蓝图，明确了新时代新征程党和国家事业发展的目标任务。深入贯彻党的二十大精神，事关党和国家事业继往开来，事关中国特色社会主义前途命运，事关中华民族伟大复兴，对于动员全党全国各族人民更加紧密地团结在以习近平同志为核心的党中央周围，高举中国特色社会主义伟大旗帜，坚定道路自信、理论自信、制度自信、文化自信，为全面建设社会主义现代化国家、全面推进中华民族伟大复兴而团结奋斗，具有重大现实意义和深远历史意义。

新征程上，要坚决捍卫"两个确立"，坚定做到"两个维护"。党的十八大以来，以习近平同志为核心的党中央举旗定向、运筹帷幄，以科学思想指引伟大实践，推动党和国家事业取得历史性成就、发生历史性变革，实现中华民族伟大复兴进入不可逆转的历史进程。当前，世界百年未有之大变局加速演进，我国发展进入战略机遇和风险挑战并存、不确定难预料因素增多的时期。我们越来越强烈地感受到，越是壮阔的征程，越需要领航的力量，新征程上必须坚决捍卫"两个确立"，做到"两个维护"，这是我们战胜一切艰难险阻、应对一切不确定性的最大确定性、最大底气、最大保证。实践充分证明，"两个确立"是党在新时代取得的重大政治成果，是推动党和国家事业取得历史性成就、发生历史性变革的决定性因素。

新征程上，要立足"两个大局"，把握"两步走"战略。党的二十

---

① 《高举中国特色社会主义伟大旗帜 为全面建设社会主义现代化国家而团结奋斗——在中国共产党第二十次全国代表大会上的报告》，《人民日报》2022年10月26日。

大对全面建成社会主义现代化强国"两步走"战略安排进行宏观展望，进一步明确了到2035年我国发展的总体目标，描绘了实现第二个百年奋斗目标的美好图景，重点部署了未来5年的战略任务和重大举措。成功的实践启示我们，要熟练掌握习近平新时代中国特色社会主义思想的世界观、方法论和贯穿其中的立场观点方法，用以判断形势，研究和解决问题。正如习近平总书记指出："进行顶层设计，需要深刻洞察世界发展大势，准确把握人民群众的共同愿望，深入探索经济社会发展规律，使制定的规划和政策体系体现时代性、把握规律性、富于创造性，做到远近结合、上下贯通、内容协调。"①"各地区各部门要结合各自具体实际开拓创新，特别是在前沿实践、未知领域，鼓励大胆探索、敢为人先，寻求有效解决新矛盾新问题的思路和办法，努力创造可复制、可推广的新鲜经验。"②

新征程上，要牢记"三个务必"，坚定"四个自信"。习近平总书记强调，要坚持独立自主、自立自强，坚持把国家和民族发展放在自己力量的基点上，坚持把我国发展进步的命运牢牢掌握在自己手中。③只有把握历史发展规律和大势，才能始终掌握党和国家事业发展的历史主动。在新的历史方位上，我们要更加紧密地团结在以习近平同志为核心的党中央周围，坚持运用习近平新时代中国特色社会主义思想观察时代、把握时代、引领时代，更好统筹中华民族伟大复兴战略全局和世界百年未有之大变局，深刻洞察时与势、危与机，积极识变应变求变。更加主动担当作为，在困难面前迎难而上，以主动作为、奋发有为的创造性工作履职尽责。更加主动应对变局，大力推进改革创新，不断塑造发展新动能新优势，充分激发全社会创造活力。更加主动防范化解风险，在应对风险中掌握工作主

① 习近平：《推进中国式现代化需要处理好若干重大关系》，《求是》2023年第19期。
② 习近平：《推进中国式现代化需要处理好若干重大关系》，《求是》2023年第19期。
③ 《正确理解和大力推进中国式现代化》，《人民日报》2023年2月8日。

动权、打好发展主动仗。只要我们一步一个脚印把党的二十大作出的重大决策部署付诸行动、见之于成效，坚定信心、同心同德，埋头苦干、奋勇前进，就一定能赢得优势、赢得主动、赢得未来。

面对新形势和新任务，广东要在全面学习、全面把握、全面落实上持续下功夫，深刻领会习近平总书记重要论述的丰富内涵、精神实质和实践要求，聚焦深刻领悟"两个确立"的决定性意义，聚焦深刻领会习近平新时代中国特色社会主义思想、开辟马克思主义中国化时代化新境界，聚焦深刻领会以中国式现代化全面推进中华民族伟大复兴的使命任务，聚焦深刻领会"三个务必"伟大号召，引领全省上下更加坚定自觉做到"两个维护"，更加坚定自觉以党的创新理论统领和指引广东各项工作，更加坚定自觉按照习近平总书记、党中央战略部署推进广东现代化建设，更加坚定自觉把握历史主动、走好新的赶考之路。

（二）强国复兴是党的领导、国家意志和人民意愿的高度统一

党的二十大明确，新时代新征程全党的中心任务，就是以中国式现代化全面推进中华民族伟大复兴。强国建设、民族复兴是党的主张、国家意志和人民意愿的高度统一。党的二十大擘画了全面建设社会主义现代化国家、以中国式现代化全面推进中华民族伟大复兴的宏伟蓝图，明确了新时代新征程党和国家事业发展的目标任务，是奋进新征程的时代动员令。中国共产党的责任担当和历史使命，集中表现在国家意志的表达和兑现、人民意愿的代表与实现，三者高度统一。

强国建设、民族复兴必须坚持中国共产党领导和党中央集中统一领导。中国共产党的领导直接关系中国式现代化的根本方向、前途命运、最终成败，决定中国式现代化的根本性质，确保中国式现代化锚定奋斗目标

行稳致远，激发建设中国式现代化的强劲动力，凝聚建设中国式现代化的磅礴力量。习近平多次强调，坚持党中央权威和集中统一领导"是党和国家前途命运所系"①。在中共十九届中央纪委六次全会上，他在谈到我们党"对建设什么样的长期执政的马克思主义政党、怎样建设长期执政的马克思主义政党的规律性认识达到新的高度"时首先谈到的就是"坚持党中央集中统一领导"②。在党的二十大报告中，习近平在谈到要实现党长期执政、必须持之以恒推进全面从严治党时，第一条也是"坚持和加强党中央集中统一领导"③。奋进在强国建设、民族复兴的新征程上，我们要更加自觉地维护习近平总书记党中央的核心、全党的核心地位，更加自觉地维护以习近平同志为核心的党中央权威和集中统一领导，坚定不移在思想上政治上行动上同以习近平同志为核心的党中央保持高度一致，扎实开展习近平新时代中国特色社会主义思想主题教育，全面系统掌握这一思想的基本观点、科学体系，把握好这一思想的世界观、方法论，不断增进对党的创新理论的政治认同、思想认同、理论认同、情感认同，用以指导各项工作。

强国建设、民族复兴必须坚持人民至上，不断实现人民对美好生活的向往。亿万人民的期盼与心声，有效连通党和国家事业发展的顶层设计和决策部署，党心与民心同频共振，政声与民意交融共鸣。习近平强调，要始终把最广大人民根本利益放在心上，坚定不移增进民生福祉。④在他看来，"国家富强，民族复兴，人民幸福最终要体现在千千万万个家庭都幸

① 《习近平谈治国理政》第3卷，外文出版社2020年版，第84页。
② 《习近平谈治国理政》第4卷，外文出版社2022年版，第550页。
③ 《高举中国特色社会主义伟大旗帜为全面建设社会主义现代化国家而团结奋斗——在中国共产党第二十次全国代表大会上的报告》，《人民日报》2022年10月26日。
④ 《坚定不移走高质量发展之路 坚定不移增进民生福祉》，《人民日报》2021年3月8日。

福美满上，体现在亿万人民生活不断改善上"①。也就是说，增进民生福祉不是为了某些人的特殊利益，而是始终为了人民群众的根本利益。只有人民才是民生福祉的创造者、享有者和守护者，而且"人民"不是模糊的宽泛的概念，不是指少数人或多数人，更不是指某些利益集团、权势团体和特权阶层，而是指向全体人民。新征程上，我们要牢记让人民生活幸福是"国之大者"，着力增进民生福祉，扎实办好民生实事。继续围绕"七有"要求和市民"五性"需求，持续提高公共服务水平。要用好"接诉即办"主抓手，强化主动治理、未诉先办，着力解决群众急难愁盼问题。要坚持就业优先导向，多渠道促进农民和中低收入群体增收，稳步推进共同富裕。要从居民收入增长与经济增长基本同步，到把促进高校毕业生就业摆在更加突出位置；从推动优质医疗资源扩容下沉和区域均衡布局，到义务教育均衡、职业教育提质、高等教育创新……多方面部署民生新举措，勾勒出民生发展新图景。

强国建设、民族复兴必须坚持中国式现代化，扎实推动高质量发展。推动高质量发展是新时代新征程我国经济发展的鲜明主题。党的二十大报告明确指出，"没有坚实的物质技术基础，就不可能全面建成社会主义现代化强国"②，要求"加快构建新发展格局，着力推动高质量发展"③，并进一步提出了五个方面的明确任务要求。2022年12月召开的中央经济工作会议进一步指出，"发展必须是高质量发展"④。这是以习近平同志为

---

① 《动员社会各界广泛参与家庭文明建设 推动形成社会主义家庭文明新风尚》，《人民日报》2016年12月13日。
② 《高举中国特色社会主义伟大旗帜 为全面建设社会主义现代化国家而团结奋斗——在中国共产党第二十次全国代表大会上的报告》，《人民日报》2022年10月26日。
③ 《高举中国特色社会主义伟大旗帜 为全面建设社会主义现代化国家而团结奋斗——在中国共产党第二十次全国代表大会上的报告》，《人民日报》2022年10月26日。
④ 《中央经济工作会议在北京举行》，《人民日报》2022年12月17日。

核心的党中央基于新时代经济实际对我国未来发展作出的重大的、质的限定性要求，它清晰表明新时代的"发展"理念已实现了质的跃升——低质量的"发展"已不再被认可与接受，更加凸显出高质量发展在新时代无可替代的特殊重要性和实现高质量发展的必须性。新征程上，广东要坚持以习近平新时代中国特色社会主义思想为指导，全面贯彻党的二十大精神，深入贯彻习近平总书记对广东系列重要讲话和重要指示精神，坚持稳中求进工作总基调，完整、准确、全面贯彻新发展理念，把高质量发展作为广东现代化建设的首要任务和总抓手，牢牢把握习近平总书记赋予广东的使命任务，以满足人民日益增长的美好生活需要为根本目的，坚持系统观念，更好统筹发展和安全，更好统筹质的有效提升和量的合理增长，全面深化改革开放，主动服务和融入新发展格局，不断塑造发展新动能新优势，扎实推进中国式现代化的广东实践，努力在高质量发展上走在前列、当好示范。

（三）以中国式现代化的伟大实践汇聚强国复兴磅礴伟力

习近平总书记在党的二十大报告中强调："从现在起，中国共产党的中心任务就是团结带领全国各族人民全面建成社会主义现代化强国、实现第二个百年奋斗目标，以中国式现代化全面推进中华民族伟大复兴。"[1]在新中国成立特别是改革开放以来长期探索和实践基础上，经过党的十八大以来在理论和实践上的创新突破，我们党成功推进和拓展了中国式现代化。中国式现代化，是中国共产党领导的社会主义现代化，既有各国现代化的共同特征，更有基于自己国情的中国特色。中国式现代化，是人口规模巨大的现代化、全体人民共同富裕的现代化、物质文明和精神文明相协

---

[1] 《高举中国特色社会主义伟大旗帜　为全面建设社会主义现代化国家而团结奋斗——在中国共产党第二十次全国代表大会上的报告》，《人民日报》2022年10月26日。

调的现代化、人与自然和谐共生的现代化、走和平发展道路的现代化。新征程上，要牢牢把握中国式现代化的内涵特征、本质要求和推进中国式现代化的重大原则，深入贯彻落实党中央决策部署，自信自强、守正创新，踔厉奋发、勇毅前行，为全面建设社会主义现代化国家、全面推进中华民族伟大复兴而团结奋斗。

实现中国式现代化必须坚持和加强党的全面领导。"全面建设社会主义现代化国家、全面推进中华民族伟大复兴，关键在党。"[①]中国共产党的领导是中国特色社会主义最本质的特征，是中国特色社会主义制度的最大优势，是党和国家的根本所在、命脉所在，是全国各族人民的利益所系、命运所系。在中国式现代化建设的历程中，中国共产党始终发挥着运筹帷幄、领航定向、把舵前行的领导核心作用，是中国人民和中华民族的主心骨、定盘星和压舱石。党的领导确保中国式现代化锚定奋斗目标行稳致远。中国式现代化是近代以来中国人民渴盼已久的梦想和矢志不渝的追求，现代化进程从来不是一蹴而就的，其发展是阶梯式前进和阶段式上升的动态过程。中国共产党坚持把长远目标和阶段性目标相统一，坚定全面建成社会主义现代化强国的第二个百年奋斗目标，同时随着现代化实践的发展不断完善阶段性目标要求。党的二十大更加清晰地擘画了2035年我国发展的目标要求，科学描绘了全面建成社会主义现代化强国、全面推进中华民族伟大复兴的宏伟图景。只有坚决维护党中央权威和集中统一领导，才能锚定社会主义现代化强国的航道和航向，一以贯之、一脉相承地延续中国式现代化发展战略，为之接续奋斗、艰苦奋斗、不懈奋斗，不断取得举世瞩目、彪炳史册的辉煌业绩。

实现中国式现代化必须坚持中国特色社会主义道路。"走自己的路，

---

① 《高举中国特色社会主义伟大旗帜 为全面建设社会主义现代化国家而团结奋斗——在中国共产党第二十次全国代表大会上的报告》，《人民日报》2022年10月26日。

是党的全部理论和实践立足点，更是党百年奋斗得出的历史结论"①，中国共产党百余年来的辉煌历史就是一部谋求国家独立、民族解放和国家富强、民族复兴之路的历史，其成果集中体现在探索开辟了新民主主义革命道路、社会主义革命和建设道路、中国特色社会主义道路上。"我们走中国特色社会主义道路，具有无比广阔的时代舞台，具有无比深厚的历史底蕴，具有无比强大的前进定力。"②习近平指出，我们"既不走封闭僵化的老路也不走改旗易帜的邪路，而是坚定不移走中国特色社会主义道路"，③"中国特色社会主义道路是实现社会主义现代化、创造人民美好生活的必由之路"。④中国特色社会主义道路是人民创造历史的实践道路，为中国式现代化集聚起万众一心、共克时艰的磅礴力量。新征程上，要"坚持把国家和民族发展放在自己力量的基点上，坚持把中国发展进步的命运牢牢掌握在自己手中"，⑤确保全体社会成员坚定不移走中国特色社会主义道路的思想不动摇、行为不走样。

实现中国式现代化必须坚持以人民为中心的发展思想。"只有坚持以人民为中心的发展思想，坚持发展为了人民、发展依靠人民、发展成果由人民共享，才会有正确的发展观、现代化观"⑥。中国共产党始终将人民的需要作为判断社会主要矛盾的依据，"始终把满足人民对美好生活的新期待作为发展的出发点和落脚点，在实现现代化过程中不断地、逐步地解

---

① 《习近平谈治国理政》第4卷，外文出版社2022年版，第10页。
② 《习近平谈治国理政》第3卷，外文出版社2020年版，第55页。
③ 《习近平谈治国理政》第3卷，外文出版社2020年版，第181页。
④ 《习近平谈治国理政》第3卷，外文出版社2020年版，第13页。
⑤ 《高举中国特色社会主义伟大旗帜 为全面建设社会主义现代化国家而团结奋斗——在中国共产党第二十次全国代表大会上的报告》，《人民日报》2022年10月26日。
⑥ 《习近平谈治国理政》第4卷，外文出版社2022年版，第171页。

决好这个问题"①。发展依靠人民是中国式现代化的实践支点。人民既是历史的创造者，也是历史的见证者，"全面建设社会主义现代化国家，必须充分发挥亿万人民的创造伟力"②，中国式现代化的根基、血脉、力量都在于人民，必须紧紧依靠人民，寻求最大公约数、画出最大同心圆，发挥人民群众长盛不衰的创造力、风雨同舟的凝聚力和攻坚克难的战斗力。发展成果由人民共享是中国式现代化的价值落点。中国共产党是现代化的"答卷人"，人民是"阅卷人"，"要始终把人民安居乐业、安危冷暖放在心上，用心用情用力解决群众关心的就业、教育、社保、医疗、住房、养老、食品安全、社会治安等实际问题"③，中国式现代化的各项工作是否合格，"最终都要看人民是否真正得到了实惠，人民生活是否真正得到了改善，人民权益是否真正得到了保障"④。

二 强国复兴新起点上的广东新担当

新时代赋予新使命，新使命呼唤新担当。广东省明确提出"锚定一个目标，激活三大动力，奋力实现十大新突破"的"1310"具体部署。其中的"1"，就是"走在前列"总目标，这是当前和今后一段时期统领广东各项工作的总纲，是广东肩负的沉甸甸历史责任。"走在前列"，是习近平总书记对广东工作一以贯之的要求。习近平总书记寄望广东在推进

---

① 习近平：《论把握新发展阶段、贯彻新发展理念、构建新发展格局》，中央文献出版社2021年版，第503页。

② 《高举中国特色社会主义伟大旗帜 为全面建设社会主义现代化国家而团结奋斗——在中国共产党第二十次全国代表大会上的报告》，《人民日报》2022年10月26日。

③ 《习近平谈治国理政》第4卷，外文出版社2022年版，第55页。

④ 《习近平谈治国理政》第1卷，外文出版社2018年版，第28页。

中国式现代化建设中走在前列，清晰指明了广东要向哪里进发、要发挥什么样的作用、要达到怎样的高度。2023年4月，习近平总书记再次亲临广东视察时强调，"广东是改革开放的排头兵、先行地、实验区，在中国式现代化建设的大局中地位重要、作用突出"①。广东要深刻认识"走在前列"总目标蕴含的新使命，自觉以总目标统领各项工作，把总书记为广东擘画的宏伟蓝图变成美好现实。

（一）高举旗帜、矢志前列，传承百年复兴中的广东担当

立足中华民族伟大复兴的战略全局和世界百年未有之大变局，广东必须扛起历史担当，把握战略机遇，为中国特色社会主义先行探路，为全面推进中华民族伟大复兴作出更大的贡献。新时代新征程，只有发扬斗争精神，主动担负历史使命，自觉引领，坚决破除制约快速发展的体制机制障碍，不断推动创新创造，才能在改革开放中谋得竞争优势，掌握中国式现代化广东实践的发展主动权。当前，广东要坚持以习近平新时代中国特色社会主义思想为指导，深刻领会、深入贯彻党的二十大精神，聚焦习近平总书记赋予广东的使命任务，切实增强紧跟总书记、奋进新征程的思想自觉、政治自觉、行动自觉，以高质量发展为牵引，高水平推进现代化建设，守正创新、团结奋斗，奋力在新征程中走在全国前列、创造新的辉煌。

其一，广东要以"国之大者"的政治站位，始终在思想、政治和行动上与党中央保持一致。习近平强调，"要自觉讲政治，对国之大者要心中有数，关注党中央在关心什么、强调什么，深刻领会什么是党和国家最重

---

① 《坚定不移全面深化改革扩大高水平对外开放　在推进中国式现代化建设中走在前列》，《人民日报》2023年4月14日。

要的利益、什么是最需要坚定维护的立场"①。要深刻领悟"两个确立"的决定性意义，更加坚定自觉做到"两个维护"。"两个确立"是党在新时代取得的重大政治成果，对新时代党和国家事业发展、对推进中华民族伟大复兴历史进程具有决定性意义。对广东来说，"两个确立"不仅是我们这些年抓住历史机遇、应对风险挑战、推进改革发展的根本原因，也是在新征程上战胜一切艰难险阻、应对一切不确定性的最大确定性、最大底气、最大保证。因此，广东要铸牢政治忠诚，在坚持"两个确立"、做到"两个维护"上带好头、作表率，自觉向总书记、党中央看齐，坚持用习近平新时代中国特色社会主义思想凝心铸魂，不断提高政治判断力、政治领悟力、政治执行力，严明政治纪律和政治规矩，带头巩固发展风清气正的政治生态。

其二，广东要以"解放思想"的思想主动，始终立于百年复兴之路的实践前沿。习近平指出："40年来，我们解放思想、实事求是，大胆地试、勇敢地改，干出了一片新天地。"②解放思想伴随着广东改革发展的全过程，改革发展每一项措施的出台和成就的取得，无一不是解放思想结出的硕果。1978至1984年，广东率先突破计划经济的思维定式，接受了市场经济的思想，突破了社会主义不能发展非公经济的框框，确立了以发展为纲的思想。1992至1998年广东彻底打破"姓资姓社"传统思维模式，促成了社会主义市场经济体制框架的初步建立，推动民营经济获得迅速发展，经济发展的内生动力大大增强。2007至2012年广东形成了以以人为本、可持续发展为特征的科学发展战略和措施，促成了《珠江三角洲地区改革发展规划纲要（2008—2020年）》的编制。新时代以来广东深化对"三新一高"的认识，推动广东按照走在前列的要求思考改革、谋划开

---

① 《习近平谈治国理政》第4卷，外文出版社2022年版，第39页。

② 习近平：《在庆祝改革开放40周年大会上的讲话》，人民出版社2018年版，第9页。

放、推进创新，形成了激活改革、开放、创新三大动力，再造一个新广东的新认识。

其三，广东要以"敢为天下先"的精神气质，始终立于百年民族复兴的时代潮头。邓小平曾指出："改革开放胆子要大一些，敢于试验，不能像小脚女人一样。看准了的，就大胆地试，大胆地闯。"①党的百年奋斗历程坚实而厚重，艰难而曲折，背后承载着历史行动者艰辛的探索、不屈的抗争和执着的追求。广东在百年民族复兴进程中始终扮演着十分重要的角色，展现着历史担当。回望历史，广东是引领中华民族伟大复兴的先行地和民族复兴思想的孕育地。回望百年，广东从大革命策源地，到改革开放先行地，再到全面建设社会主义现代化国家的排头兵；从创办经济特区、成为全国综合改革试验区到率先建立社会主义市场经济体制，再到扎实推进"双区"建设，始终是复兴之路上的排头兵。因此，广东要强化政治担当，在高水平推进广东现代化建设上带好头、作表率，紧紧围绕总书记赋予广东的使命任务，以高质量发展为牵引，积极探索中国式现代化的广东路径，扎实抓好改革发展稳定各项工作，竭力打造新时代中国特色社会主义的"精彩样板"，不懈探索体现中国特色、时代特征、广东特点的社会主义现代化路径。

其四，广东要以"人民至上"的历史担当，始终为百年民族复兴奠定坚实基础。社会主义革命和建设时期，广东沧桑巨变，自力更生建立了比较完整的工业体系和国民经济体系。改革开放和社会主义现代化建设新时期，广东创造性地运用中央赋予的特殊政策、灵活措施，开启了改革开放的伟大转折，实现了历史性跨越，地区生产总值于1989年跃居全国第一位。邓小平南方谈话后，广东不断推进社会主义市场经济的形成和发展，

---

① 《邓小平文选》第3卷，人民出版社1993年版，第372页。

全面融入国际产业链分工体系，逐步成为具有一定竞争力的全球制造业基地。新时代以来，广东推动高质量发展走在全国前列，全省生产总值从2012年的5.7万亿元增长到2022年的12.9万亿元，连续34年居全国第一。以人民为本既是来自人民、更造福人民，形成于新时代人民的伟大实践中，也在此基础上不断具体化为人民伟大实践的现实性力量，"不断实现发展为了人民、发展依靠人民、发展成果由人民共享，让现代化建设成果更多更公平惠及全体人民"①。因此，广东要站稳政治立场，在践行以人民为中心的发展思想上带好头、作表率，牢固树立和践行正确政绩观，把为民造福作为各项工作的出发点和落脚点，始终保持同群众血肉联系，多做让群众看得见、得实惠的实事，谋划实施好"民生十大工程"，扎实推进共同富裕。

（二）精准定位、直面挑战，绵亘战略性破局的广东样板

立足于新的历史方位，要敢于面对现实挑战和风险考验，对照党的二十大的战略擘画，认清广东所处历史方位，在新起点上沿着习近平总书记指引的方向勇毅前行。要充分认识广东肩负的使命任务，在服从大局、服务大局中推进现代化建设，按照全面走在前列的高要求，以大格局大视野谋划发展，以新担当新作为新成绩在改革开放最前沿充分彰显习近平新时代中国特色社会主义思想的强大真理力量、实践伟力。要充分认识广东具备的优势和基础，在守正创新、开拓进取中推进现代化建设，保持良好态势，发挥独特优势，凝聚强大精神力量，脚踏实地、苦干实干，奋力跑好接力赛，努力跑出好成绩，在新起点上奋力开创各项工作新局面。

首先，广东要在奋力打造中国特色社会主义先行示范区上更显担当、

---

① 《高举中国特色社会主义伟大旗帜　为全面建设社会主义现代化国家而团结奋斗——在中国共产党第二十次全国代表大会上的报告》，《人民日报》2022年10月26日。

破局开路。广东要充分认识自身存在的问题与不足，聚焦高质量发展推进现代化建设，对照中国式现代化建设的新坐标系、两步走战略安排找差距，对照先进找差距，对照人民群众的期待找差距，不断改进工作。深圳要聚焦"五大战略定位"，全力打造高质量发展高地、法治城市示范、城市文明典范、可持续发展先锋、民生幸福标杆，充分发挥示范作用；在全面深化改革中助推中国特色社会主义制度更加成熟、更加定型；在推进高水平对外开放中当好"两个重要窗口"，即"向世界展示我国改革开放成就的重要窗口""国际社会观察我国改革开放的重要窗口"，让世界更好认识了解创造人类文明新形态的中国；要以一域之实践雄辩证明中国特色社会主义道路能走得通、走得对、走得好、走得远。

其次，广东要在推进和拓展中国式现代化中勇毅前行、开拓进取。中国式现代化建设是实现中华民族伟大复兴的根本之路。广东拥有重大国家发展战略叠加优势、1600多万市场主体以及1.27亿常住人口形成的市场红利、经济第一大省的雄厚物质基础以及改革创新基因等软实力优势，这是广东践行中国式现代化的底气所在。新时代新征程，广东要竭力把人口红利转化为发展红利，为实现人口规模巨大的现代化探路；实施城乡融合发展战略，振兴县域经济、镇域经济，切实解决区域城乡发展不平衡，为实现全体人民共同富裕的现代化探路；要坚持制造业当家，不断塑造发展新动能新优势，推动精神文明建设提质增效，为实现物质文明和精神文明协调发展的现代化探路；要坚定践行绿水青山就是金山银山理念，推动南岭、丹霞山国家公园、华南国家植物园以及深圳国际红树林中心建设，为实现人与自然和谐共生的现代化探路。

再次，广东要在全面深化改革开放中敢闯敢试、埋头苦干。改革开放是实现中华民族伟大复兴的关键一招。新时代新征程，广东要敢于担当，继续充当全面深化改革的排头兵和对外开放的桥头堡。要深刻把握全面创新改革试验区、深圳实施综合改革试点以及国家营商环境、城乡融合发展等改革试点的要求，着眼于建设高水平的社会主义市场经济体制需要，着力打造一批有示范引领作用的广东改革品牌。要以制度型开放推进高水平对外开放，发挥广东自贸区的"试验田"作用，探索一批可复制可推广的创新成果，深入推进规则标准、负面清单管理等制度创新，以自贸区战略引领高水平制度型开放。

最后，广东要在推动高质量发展上守正创新、务求实效。高质量发展是全面建设社会主义现代化国家的首要任务，是中华民族伟大复兴的内在要求。广东要深刻认识新征程上要走在前列，关键是在高质量发展上走在前列；广东要更好服务大局，关键是把高质量发展作为广东现代化建设的首要任务和总抓手。广东要把新发展理念贯彻到广东经济社会发展全过程和各领域，在夯实制造业家底、构建现代化产业体系以及推动科技创新发展、绿色低碳发展上走在全国前列，为强化民族复兴的物质基础、根本动力，推动中华民族永续发展作出贡献。要把打造新发展格局战略支点作为塑造广东高质量发展优势的重大机遇。新时代以来，党中央在南粤大地先后部署了粤港澳大湾区、深圳先行示范区、深圳综合改革试点、横琴和前海两个合作区、粤港澳大湾区高水平人才高地建设等重大国家战略，为全国构建新发展格局探索了有效路径。

（三）守正创新、敢为人先，延续现代化建设的广东华章

广东作为改革开放的前沿阵地，在改革开放中崛起，在改革开放中发展，在改革开放中焕发出无限的生机和活力，创造了许许多多敢为人先的先进事迹。党的二十大吹响了全面建设社会主义现代化国家、全面推进中华民族伟大复兴的奋进号角。广东要肩负起新时代新征程的使命任务，结合省情实际，牢牢把握习近平总书记赋予广东的使命任务，扎实推进中

国式现代化的广东实践,积极探索中国式现代化的广东路径,奋力在新征程中走在全国前列、创造新的辉煌。

其一,必须胸怀"国之大者",勇担复兴大任。习近平强调,中华民族伟大复兴的战略全局和世界百年未有之大变局,"是我们谋划工作的基本出发点"①。今天,我们比历史上任何时期都更接近、更有信心和能力实现中华民族伟大复兴的目标,把总目标贯穿广东工作大局中,才能更加坚定历史自信,增强历史主动,勇于攻坚克难,不断为强国建设、民族复兴伟业添砖加瓦、增光添彩。广东人口数量多、资源约束紧,提高发展平衡性和协调性的任务又很重,不可能继续拼土地、拼价格、拼劳动力,同时外部又面临你追我赶的激烈竞争和遏制打压,唯有通过高质量发展向上突围,才能奔向发展的新蓝海,有效应对外部环境的不确定性。广东必须找准职责定位,明确发展方向。省委作出的"1310"具体部署,是推进中国式现代化广东实践的施工图、任务书,将引领我们以"走在前列"的坚毅与奋进,集中精力办好自己的事情,在南粤大地展现强国建设、民族复兴的光明前景、壮丽图景。

其二,必须勇于迎接挑战,敢于冲破障碍。广东是改革开放的排头兵、先行地、实验区,在地理位置上是"交汇处",在文化上是"交融处",在意识形态领域是"交锋处"。这些年,广东经历的大战大考一波接一波,外部环境影响首当其冲,在习近平总书记、党中央坚强领导下,我们经历了风雨,战胜了困难,也更加深化了认识。广东走在前列,不仅要在改革发展上一马当先,也要在战风斗雨中立马阵前。当前,广东面临的外部形势发生深刻变化,风口浪尖的承压剧增,扼守"南大门"的挑战空前。越是形势复杂,越要保持战略清醒,坚定战略自信。要坚持底线

---

① 《习近平谈治国理政》第3卷,外文出版社2020年版,第77页。

思维和极限思维，在思想上做好经受风高浪急甚至惊涛骇浪重大考验的准备；坚持系统观念，在工作方法上进一步从习惯开顺风船转向善于开顶风船；发扬斗争精神，在实践中以"踏平坎坷成大道、斗罢艰险又出发"的顽强意志应对种种艰险、克服重重困难。

其三，必须从大局出发，精细化部署。"善于观大势、谋大事，自觉在大局下想问题、做工作。"[①]习近平曾说："改革哪有不触动现有职能、权限、利益的？需要触动的就要敢于触动，各方面都要服从大局。各部门各方面一定要增强大局意识，自觉在大局下思考、在大局下行动，跳出部门框框，做到相互支持、相互配合。"[②]从发展目标看，到2027年，全省高质量发展实现新进步，自主创新能力明显提高，城乡区域发展协调性进一步增强，开放型经济发展水平持续提升，绿美广东生态建设取得积极进展，人民生活水平显著改善；到2035年，高质量发展实现更大成效，科技创新能力大幅跃升，城乡区域发展更加协调更加平衡，开放型经济新优势加快形成，美丽广东基本建成，共同富裕取得更为明显的实质性进展，为基本实现社会主义现代化提供有力支撑。从具体行动看，扎实推进九个方面重点工作，包括纵深推进粤港澳大湾区建设，打造高质量发展的重要动力源；持续有效扩大内需，加固高质量发展的基本盘；坚持制造业当家，强化高质量发展的产业根基；推进高水平科技自立自强，筑牢高质量发展的基础性战略性支撑；深入推进改革开放，激发高质量发展的动力活力；促进城乡区域协调发展，锻造高质量发展的潜力板；推动绿色发展，擦亮高质量发展的生态底色；强化民生保障服务，共享高质量发展的

---

① 中共中央文献研究室：《习近平关于全面从严治党论述摘编》，中央文献出版社2016年版，第78页。

② 中共中央文献研究室：《习近平关于全面从严治党论述摘编》，中央文献出版社2016年版，第79—80页。

成果；统筹发展和安全，守住高质量发展的安全底线。可见广东对于自身的发展既有时间表又有施工图，勾勒出广东以高质量发展为牵引、高水平推进现代化建设的光明前景。

▼三　新时代新征程上的广东新使命

广东"锚定一个目标，激活三大动力，奋力实现十大新突破"的"1310"部署，是把握大局、顺应规律、立足实际的科学布局，是推进中国式现代化广东实践的施工图、任务书。要落实"1310"部署，完成使命任务，就必须牢记嘱托，坚持人民至上，勇担强国复兴大任；必须立足大局，系统推进，坚持全面深化改革开放；必须实干为要，致力攻坚克难，走先行示范现代化之路。在继往开来中再闯新路，在苦干实干中再创新业，在攻坚克难中再开新局，以走在前列的奋斗与业绩，努力创造让世界刮目相看的新的更大奇迹。

（一）牢记嘱托、人民至上，勇担强国复兴大任

殷殷嘱托，厚望如山。"走在前列"的要求与时俱进，是总书记对广东的深情寄望，也是广东奋进新征程的深刻自觉。作为改革开放的排头兵、先行地和实验区，自觉以"走在前列"总目标统领广东各项工作，是广东的时代机遇，更是广东的使命担当。党的十八大以来，习近平总书记曾3次到广东考察调研、2次参加全国两会广东代表团审议，每到广东发展的重要关口，都及时为广东定向领航，指引广东在新时代伟大征程中经风雨、化危机，应变局、开新局。在全面贯彻党的二十大精神开局之年，习近平总书记的首次地方考察就选择了广东："广东是一个窗口。

到广东来看一看，了解一下党的二十大以来都有哪些新进展新气象。"①习近平总书记对广东人民的关心关爱、对广东工作的勉励指导、对广东发展的战略指引是广东奋力实现"走在前列"最大的信心所在、底气所在、力量所在。

第一，必须充分认识习近平总书记赋予广东的光荣使命。"广东是改革开放的排头兵、先行地、实验区，在中国式现代化建设的大局中地位重要、作用突出。"②广东承担着在中国式现代化建设新征程中走在全国前列、创造新辉煌的使命任务。作为改革开放先行地、全国经济第一大省，广东在全国大局中的地位和作用举足轻重。在新时代新征程中，广东要在服从大局、服务大局中推进现代化建设，按照全面走在前列的高要求，以大格局大视野谋划发展，以新担当新作为新成绩在改革开放最前沿充分彰显习近平新时代中国特色社会主义思想的强大真理力量、实践伟力。

第二，必须充分理解习近平总书记对广东发展的系统性和全面性。从纵向看既一脉相承又与时俱进，从横向看既有方向目标又有方式方法，明确了前进方向和工作抓手，指引了广东推进中国式现代化的前进道路。习近平总书记对广东走在前列的要求，赋予了广东推进中国式现代化建设走在前列的使命任务。在全面深化改革、扩大高水平对外开放方面，习近平总书记勉励广东"把粤港澳大湾区建设作为广东深化改革开放的大机遇、大文章抓紧做实，摆在重中之重"③；在贯彻新发展理念、推动高质量发展方面，要求广东"加快产业转型升级，推进产业基础高级化、产业

---

① 《"在推进中国式现代化建设中走在前列"——习近平总书记考察广东纪实》，新华社2023年4月15日。

② 《坚定不移全面深化改革扩大高水平对外开放　在推进中国式现代化建设中走在前列》，《人民日报》2023年4月14日。

③ 《坚定不移全面深化改革扩大高水平对外开放　在推进中国式现代化建设中走在前列》，《人民日报》2023年4月14日。

链现代化，发展战略性新兴产业，建设更具国际竞争力的现代化产业体系"①；在提高发展平衡性和协调性方面，习近平总书记一直关心关注广东促进共同富裕、体现社会主义优越性的本质要求。

第三，必须立足"两个大局"，胸怀"国之大者"，坚持人民至上。这是我们党谋划工作的基本出发点。新时代最重要的"国之大者"，就是实现强国建设、民族复兴的宏伟目标。坚持人民至上，始终把为民造福作为根本出发点。人民至上是马克思主义的政治立场，是习近平新时代中国特色社会主义思想的世界观和方法论重要内容之一。习近平总书记强调："检验我们一切工作的成效，最终都要看人民是否真正得到了实惠，人民生活是否真正得到了改善，人民权益是否真正得到了保障。"②习近平总书记始终坚持以人民为中心的发展思想，要求广东切实保障和改善民生，解决好人民群众最关心最直接最现实的利益问题，坚持走共同富裕道路等，充分彰显"民之所忧，我必念之；民之所盼，我必行之"的为民情怀。

第四，必须在强国复兴之路上勇担责任、砥砺前行。省委"1310"具体部署充分展现了人民至上的价值立场。"扎实推进法治广东平安广东建设"的部署体现了实现社会和谐稳定与公平正义的价值追求，其落脚点在于让公平正义、安全安心与百姓的美好生活一路相伴。实施"民生十大工程"体现了对普惠性和基础性的民生建设的坚持，其落脚点在于让发展成果更多更公平惠及人民群众。"百县千镇万村高质量发展工程"（以下简称"百千万工程"）瞄准破解城乡二元结构问题，服务乡村全面振兴，其落脚点在于推动共同富裕。"深入推进绿美广东生态建设""扎实推进

---

① 《坚定不移全面深化改革扩大高水平对外开放　在推进中国式现代化建设中走在前列》，《人民日报》2023年4月14日。

② 《习近平谈治国理政》第1卷，外文出版社2018年版，第28页。

文化强省建设"的出发点是为人民提供优质文化产品、生态产品，以满足人民日益增长的精神文化生活新期待、优美生态环境新需要。新时代新征程，我们要深刻感悟习近平总书记的赤子情怀，坚定地站稳人民立场，自觉问计于民、问需于民，把惠民生、暖民心、顺民意的工作做到人民群众的心坎上，不断满足人民群众的美好生活需要。

总之，广东要充分认识肩负的使命任务，按照全面走在前列的高要求，既要在改革发展上一马当先，率先前行、率先探索、率先突破，不断巩固和拓展领先优势；也要在应对风险挑战中担起重任，从习惯开顺风船转向善于开顶风船，知难而进、迎难而上，在准确识变、科学应变、主动求变中勇立时代潮头。同时也要认识到，广东走得越好越靠前，就要对国家发展发挥越强有力的支撑带动作用；广东对全国大局作出的贡献越大，创造的新辉煌的成色就越足。因此，广东需要跳出一隅，以大格局大视野谋划发展，着眼现代化建设全局、改革开放大局，充分彰显习近平新时代中国特色社会主义思想的强大真理力量、实践伟力。

（二）立足大局、系统推进，全面深化改革开放

深刻认识"走在前列"总目标蕴含的新使命，必须立足"两个大局"，找准职责定位，明确发展方向，系统推进全面深化改革开放。习近平总书记指出："改革开放是我们党的一次伟大觉醒"，"改革开放是党和人民大踏步赶上时代的重要法宝，是坚持和发展中国特色社会主义的必由之路，是决定当代中国命运的关键一招，也是决定实现'两个一百年'奋斗目标、实现中华民族伟大复兴的关键一招"。①广东省委的"1310"具体部署，是推进中国式现代化广东实践的施工图、任务书，将

---

① 习近平：《论坚持全面深化改革》，中央文献出版社2018年版，第502、512、513页。

引领我们以"走在前列"的坚毅与奋进，集中精力办好自己的事情，在南粤大地展现强国建设、民族复兴的光明前景、壮丽图景。

其一，要立足全局、系统协调，以科学的马克思主义世界观与方法论指导改革发展。省委"1310"具体部署蕴含正确处理局部和全局、当前和长远、战略和策略等关系的系统思维。"纵深推进新阶段粤港澳大湾区建设"体现了局部和全局的互相依存、互相促进。只有举全省之力抓好粤港澳大湾区建设，增强其对全省的影响力和辐射力，才能推动城乡区域协调发展。"建设更具国际竞争力的现代化产业体系"体现了"立足当前、着眼长远"的战略定力，只有夯实传统产业，攻坚新兴产业，谋划未来产业，抢占科技制高点，才能真正把制造业这份厚实家当做优做强。"百千万工程"强调既要坚持以县为主体，又要注重县镇村的统筹协调，体现了"两点论"与"重点论"的统一。

其二，要立足"全方位"要求，抓实抓牢高质量发展的动力机制、重要支撑、本质要求、产业基础和空间布局。要在推进高水平对外开放上走在全国前列，就必须进一步优化对外开放布局，打好外贸、外资、外包、外经、外智"五外联动"组合拳；稳步扩大规则、规制、管理、标准等制度型开放，构建开放型经济体制；实施"粤贸全球""粤贸全国"计划，拓展国际循环新空间。要在提升科技自立自强上走在全国前列，就必须加快实施创新驱动发展战略，高水平谋划教育强省、科技创新强省和人才强省建设，加快构建"基础研究+技术攻关+成果转化+科技金融+人才支撑"全过程创新生态链，布局建设国家实验室、重大科技基础设施等重大创新平台。要在建设现代化产业体系上走在全国前列，就必须树立制造业当家的鲜明导向，推进20个战略性产业集群建设，提质壮大现有8个万亿元级产业集群，全力建设世界先进制造业基地，提升产业链供应链韧性和安全水平。要在促进城乡区域协调发展上走在全国前列，就必须突出县域振兴，大力实施"百千万工程"，推动珠三角地区产业有序转移，探索布局建设"飞地经济"。

其三，要全面深化改革开放，将中国式现代化的实践优势充分转化为治理效能。竭力把人口红利、人才红利转化为发展红利，为实现人口规模巨大的现代化探路；实施城乡融合发展战略，振兴县域经济、镇域经济，为实现全体人民共同富裕的现代化探路；不断塑造发展新动能新优势，做大做强实体经济，推动精神文明建设提质增效，努力提高主流文化的吸引力、号召力、感染力，为实现物质文明和精神文明协调发展的现代化探路。要坚定践行绿水青山就是金山银山理念，推进绿美广东生态建设，推动南岭、丹霞山国家公园，华南国家植物园以及深圳国际红树林中心建设，为实现人与自然和谐共生的现代化探路。要把握经济全球化和区域一体化格局，竭力推进"双区"和横琴、前海、南沙三大合作平台等重大战略，建设好"湾区的广东"；担负高质量发展的"助推器"、经济增长的"稳定器"和新发展格局的"撬动器"，建设好"中国的广东"；打造"一带一路"建设的重要支撑区，形成广东发展的全球竞争力和世界影响力，建设好"世界的广东"，为实现和平发展道路的现代化探路。

（三）实干为要、攻坚克难，先行示范现代化之路

"实现中华民族伟大复兴是一项光荣而艰巨的事业，需要一代又一代中国人共同为之努力。空谈误国，实干兴邦。"①在广东考察时，习近平总书记曾向当地的党员干部再次提到了这一古训，强调全面建成小康社会要靠实干。改革开放以来，广东以"实干兴邦"的态度和作风，奋力推进现代化建设，实现了从经济相对落后农业省份到全国第一经济大省的惊人

---

① 《习近平谈治国理政》第1卷，外文出版社2018年版，第36页。

跨越。面对新形势新任务，广东要继续坚持实干为要、攻坚克难，致力于走先行示范现代化之路，努力在改革发展上一马当先，在战风斗雨中立马阵前，努力创造让世界刮目相看的新的更大奇迹。

首先，要实事求是、问题导向，以城乡区域协调发展提高发展的平衡性协调性。"实践反复证明，坚持实事求是，就能兴党兴国；违背实事求是，就会误党误国"①。广东要聚焦短板弱项发力，增强发展的整体效能，牢牢抓住县域这个重要发力点，健全完善实施"百千万工程"的有力措施，加快形成各方力量积极参与的长效动力机制。正确把握和推进绿美广东生态建设，擦亮广东生态高质量发展底色。抓好文化强省"六大工程"建设，促进物质文明和精神文明协调发展，持续提高发展的平衡性、协调性。明确"1310"具体部署，要求把握好利用好国家战略叠加优势、规模经济优势、强大市场优势、要素禀赋动态升级优势、综合制造优势、基础设施优势、发展环境优势、生态优势、人文优势、政治生态优势，把发展放置于自己力量的基点上；明确一锤一锤接着敲、一件一件钉实钉牢，一步步朝着总目标迈进，推动高质量发展的步步向前、人民美好生活的步步登高，把发展扎根于共同奋斗的人民力量中。

其次，要不忘初心、坚定信念，以全面深化改革、扩大高水平对外开放破解高质量发展难题。新征程中广东要继续用好用足改革开放"关键一招"，依靠改革开放应对变局、开拓新局，明确改革改什么、怎么改的问题，把握好对外开放如何体现高水平等问题，瞄准高质量发展的痛点堵点推进改革。把粤港澳大湾区建设抓紧做实，更好利用香港、澳门自由港优势，在畅通国内国际双循环中找准定位、发挥作用，加快打造我国高水平对外开放的门户枢纽，让敢闯敢试、敢为人先成为广东继续前行的强大动

---

① 《坚持实事求是的思想路线》，《学习时报》2012年5月28日。

力。要激活改革动力,再造体制机制新优势。要以更大魄力、在更高起点上推进广东全面深化改革,推动思想再解放,摆脱惯性思维、路径依赖,坚持以改革的办法推进改革,进一步提振改革精气神,让"敢闯敢试、敢为人先"成为广东继续前行的强大动力、时代标志。

再次,要凝心聚力、埋头苦干,以实体经济为本、坚持制造业当家建设现代化产业体系。习近平总书记指出,无论发展到什么阶段,实体经济都是我国"在国际经济竞争中赢得主动的根基"①。中国式现代化必须加快建设以实体经济为支撑的现代化产业体系,广东要始终坚持以制造业立省,把发展壮大实体经济作为建设现代化产业体系的主攻方向,着力发展十大战略性支柱产业和十大战略性新兴产业,持续推进制造业转型升级。加快数字化转型,推广先进适用技术,着力提升高端化、智能化、绿色化水平,努力在补短板、强弱项、固底板、扬优势上下功夫,勇于开辟新领域、制胜新赛道,推动实体经济行稳致远。广东经济崛起的历史就是以开放促改革、促发展的过程。在新征程上,必须通过加强对内开放、推进高水平对外开放、深化粤港澳合作、促进城乡区域协调发展、建设海上广东等在更大范围、更宽领域、更深层次拓展经济纵深,优化生产、分配、流通、消费体系,把经济底盘筑得更厚更实、经济触角伸得更远更深。

最后,要敢为人先、创新驱动,以高水平科技自立自强打造高质量发展新优势。"科技事业在党和人民事业中始终具有十分重要的战略地位、发挥了十分重要的战略作用"②,实现高水平科技自立自强,是中国式现代化建设的关键。广东要坚持把科技自立自强作为高质量发展的战略支撑,一体建设教育强省、科技创新强省和人才强省,不断夯实高质量发展

---

① 中共中央文献研究室:《习近平关于社会主义经济建设论述摘编》,中央文献出版社2017年版,第116页。
② 习近平:《加快建设科技强国 实现高水平科技自立自强》,《求是》2022年第9期。

和现代化建设的根基。要加快在高水平科技自立自强上突出重围，努力在突破关键核心技术难题上取得更大进展。利用改革开放先行地优势和粤港澳大湾区，加强国际科技合作，加快科技体制机制改革创新，打造具有全球影响力的科技产业创新中心。把完善的产业体系和强大的科技创新能力相结合，推进创新链产业链资金链人才链深度融合，率先形成高端科创人才聚集效应。把科技创新作为重中之重，推动创新落到产业上、企业上、发展上，大力营造崇尚创新、鼓励创新、勇于创新的浓厚氛围，善于创造性抓落实，把全社会的创新创造活力充分激发出来、凝聚起来，焕发出热烈升腾的时代气象。

着眼高质量发展深刻认识总目标蕴含的新要求

CHAPTER 2

发展是党执政兴国的第一要务，没有坚实的物质技术基础，就不可能全面建成社会主义现代化强国。在强国建设、民族复兴新征程上，只有牢牢把握高质量发展这个首要任务，完整、准确、全面贯彻新发展理念，加快构建以国内大循环为主体、国内国际双循环相互促进的新发展格局，推动经济实现质的有效提升和量的合理增长，才能不断壮大我国经济实力、科技实力、综合国力，提高国际竞争力，增强抵御风险能力。高质量发展是全面建设社会主义现代化国家的首要任务，广东要实现"走在前列"的总目标，必须着眼高质量发展深刻认识总目标蕴含的新要求，着眼构建新发展格局深刻认识总目标蕴含的新期待，着眼推进中国式现代化建设深刻认识总目标蕴含的新标高。

 一 高质量发展是全面建设社会主义现代化国家的首要任务

推动高质量发展是新时代新征程我国经济发展和社会主义现代化建设的鲜明主题。党的二十大报告明确指出，"没有坚实的物质技术基础，就不可能全面建成社会主义现代化强国"[1]，要求"加快构建新发展格局，着力推动高质量发展"[2]，并进一步提出了五个方面的明确任务要求。

---

[1] 《高举中国特色社会主义伟大旗帜 为全面建设社会主义现代化国家而团结奋斗——在中国共产党第二十次全国代表大会上的报告》，《人民日报》2022年10月26日。
[2] 《高举中国特色社会主义伟大旗帜 为全面建设社会主义现代化国家而团结奋斗——在中国共产党第二十次全国代表大会上的报告》，《人民日报》2022年10月26日。

2022年12月召开的中央经济工作会议进一步指出，"发展必须是高质量发展"①。这是以习近平同志为核心的党中央基于新时代经济实际对我国未来发展作出的重大的、质的限定性要求，它清晰表明新时代的"发展"理念已实现了质的跃升——低质量的"发展"已不再被认可与接受，更加凸显出高质量发展在新时代无可替代的特殊重要性和实现高质量发展的必须性。

（一）高质量发展关系我国社会主义现代化建设全局

从发展的阶段性特征看，在经历长期高速增长后，我国经济发展必须通过高质量发展，向形态更高级、分工更科学、结构更合理阶段演化。从需求结构变化看，随着经济社会快速发展，人民群众消费需求不断升级，日趋个性化、多样化，必须以高质量发展满足人们的多样化需求。从国际经验启示看，取得成功的国家和地区都是在经历高速增长阶段后实现了经济发展从量的扩张转向质的提高。我国要顺利建成社会主义现代化强国，必须深刻理解发展是强大物质基础的关键要素。习近平总书记在参加十四届全国人大一次会议江苏代表团审议时，提出了"四个必须"的明确要求，为新时代新征程推动高质量发展指明了前进方向、提供了根本遵循。

第一，必须完整、准确、全面贯彻新发展理念，始终以创新、协调、绿色、开放、共享的内在统一来把握发展、衡量发展、推动发展。党领导人民治国理政，很重要的一个方面就是要回答好实现什么样的发展、怎样实现发展这个重大问题。发展理念是否对头，从根本上决定着发展成效乃至成败。新发展理念是在深刻分析国内外发展大势的基础上形成的，是发展思路、发展方向、发展着力点的集中体现，反映了我们党对经济社会发

---

① 《中央经济工作会议在北京举行》，《人民日报》2022年12月17日。

展规律认识的深化，有力指导了我国新的发展实践。贯彻新发展理念是关系我国发展全局的一场深刻变革，是新时代我国发展壮大的必由之路。习近平总书记强调，新发展理念是一个整体，无论是中央层面还是部门层面，无论是省级层面还是省以下各级层面，在贯彻落实中都要完整把握、准确理解、全面落实，把新发展理念贯彻到经济社会发展全过程和各领域。①新征程上，我们要完整把握、准确理解、全面落实新发展理念，切实将崇尚创新、注重协调、倡导绿色、厚植开放、推进共享的要求落实到经济社会发展全过程和各领域，使之协同发力、形成合力。

第二，必须更好统筹质的有效提升和量的合理增长，始终坚持质量第一、效益优先，大力增强质量意识，视质量为生命，以高质量为追求。如果没有质的有效提升，量的合理增长将不可持续；如果没有量的合理增长，经济结构优化、产业转型升级、区域协调发展、民生福祉改善都将是无本之木。新的发展阶段、新的使命任务和新的发展环境对经济质的提升和量的增长提出了更高、更为紧迫的要求，只有以质取胜、不断塑造新的竞争优势，才能支撑经济长期持续健康发展。

正如习近平总书记强调："经济发展是一个螺旋式上升的过程，上升不是线性的，量累积到一定阶段，必须转向质的提升，我国经济发展也要遵循这一规律。"②新征程上，我们要坚持把经济发展的质和量有机统一起来，把推动发展的立足点转到提高质量和效益上来，持续激发经济发展内生动力，充分调动一切积极因素，形成全国上下竞相推动高质量发展的强大合力。

第三，必须坚定不移深化改革开放、深入转变发展方式，以效率变革、动力变革促进质量变革，加快形成可持续的高质量发展体制机制。改

---

① 习近平：《全党必须完整、准确、全面贯彻新发展理念》，《求是》2022年第16期。
② 《习近平谈治国理政》第3卷，外文出版社2020年版，第238页。

革开放是党和人民事业大踏步赶上时代的重要法宝，是决定当代中国前途命运的关键一招，已成为当代中国最鲜明的特色。改革只有进行时、没有完成时。过去我们依靠改革开放，在许多领域实现历史性变革、系统性重塑、整体性重构，国家治理体系和治理能力现代化水平明显提高。现在我国已转向高质量发展阶段，面对高质量发展中躲不过、绕不开的矛盾，更要用改革的办法破难题、激活力。习近平总书记《在庆祝改革开放40周年大会上的讲话》中指出："改革开放是我们党的一次伟大觉醒"，"改革开放是党和人民大踏步赶上时代的重要法宝，是坚持和发展中国特色社会主义的必由之路，是决定当代中国命运的关键一招，也是决定实现'两个一百年'奋斗目标、实现中华民族伟大复兴的关键一招"。①新征程上，我们要全面深化改革开放、加快转变经济发展方式，努力破解深层次体制机制障碍，不断解放和发展社会生产力，为高质量发展提供强大动力和制度支撑。

第四，必须以满足人民日益增长的美好生活需要为出发点和落脚点，把发展成果不断转化为生活品质，不断增强人民群众的获得感、幸福感、安全感。增进民生福祉是发展的根本目的，必须坚持在发展中保障和改善民生，不断实现好、维护好、发展好最广大人民根本利益。进入新时代，推动高质量发展是满足人民日益增长的美好生活需要的实现路径。习近平总书记强调，高质量发展的出发点是"着力解决好发展不平衡不充分问题"，其落脚点是"满足人民日益增长的美好生活需要"，必须坚持"以人民为中心的发展思想，努力补齐基本民生保障的短板"②，"我们追

---

① 习近平：《论坚持全面深化改革》，中央文献出版社2018年版，第502、512、513页。

② 中共中央党史和文献研究院：《十八大以来重要文献选编》（下），中央文献出版社2018年版，第263页。

求的发展应该是高质量的发展，衡量标准就是以人民为中心"①。新征程上，我们要牢牢坚持人民立场，积极解决人民群众急难愁盼问题，在幼有所育、学有所教、劳有所得、病有所医、老有所养、住有所居、弱有所扶上持续用力，一件接着一件办，一年接着一年干，让发展成果更多更公平惠及全体人民。

（二）高质量发展是中国式现代化的底色和支撑

高质量发展是推进中国式现代化的本质要求，新时代新阶段的发展必须贯彻新发展理念，必须把发展质量问题摆在更为突出的位置，把坚持高质量发展作为新时代的硬道理，完整、准确、全面贯彻新发展理念，推动经济实现质的有效提升和量的合理增长。党的十八大以来，我们坚持创新发展、协调发展、绿色发展、开放发展、共享发展，推动解决影响构建新发展格局、实现高质量发展的突出问题，采取一系列战略性举措，推进一系列变革性实践，实现一系列突破性进展，取得一系列标志性成果，推动国家经济实力、科技实力、综合国力和国际影响力跃上新台阶，成功推进和拓展了中国式现代化。实践充分证明，只有完整、准确、全面贯彻新发展理念，加快构建新发展格局，全力推动高质量发展，不断塑造发展新动能新优势，才能确保中国式现代化顺利推进，在强国建设、民族复兴的康庄大道上阔步前行。

高质量发展是开启全面建设社会主义现代化国家新征程、实现第二个百年奋斗目标的根本路径。实现高质量发展体现了我国经济社会发展的历史、实践和理论的统一。从历史逻辑看，高质量发展是经济建设不断迈进高级形态的必然阶段。在经历长期高速增长后，我国发展的要素条件、资

---

① 《习近平会见联合国秘书长古特雷斯》，《人民日报》2018年4月9日。

源现状、社会状况等发生改变，经济社会发展面临的硬约束明显增多，必须通过高质量发展，向形态更高级、结构更合理、效率更优化阶段演进，在质的大幅提升中实现量的持续增长。从理论逻辑看，高质量发展是把握发展规律从实践认识到再实践再认识的重大创新。习近平总书记关于推动高质量发展的重要论述，是习近平经济思想的重要组成部分，是马克思主义政治经济学的最新成果，是全面建设社会主义现代化国家过程中必须长期坚持的重要指导思想。从实践逻辑看，高质量发展是全面建设社会主义现代化国家的现实选择。当前，我国社会主要矛盾已经转化为人民日益增长的美好生活需要和不平衡不充分的发展之间的矛盾。不平衡不充分的发展，本质上是发展质量不高。全面建设社会主义现代化国家，必须解决好质的问题，在质的有效提升中实现量的合理增长。

高质量发展为全面建设社会主义现代化国家提供更为坚实的物质基础。发展是解决中国一切问题的基础和关键。没有坚实的物质技术基础，就不可能全面建成社会主义现代化强国①。党的十八大以来，我们坚持以经济建设为中心，牢牢把握发展这一党执政兴国的第一要务，推动我国经济快速发展，取得了举世瞩目的伟大成就。过去十年，我国经济年均增长6.2%，经济总量占全球比重从11.3%提高到18%左右，人均国民总收入提升到12604美元，已超过世界平均水平并接近高收入国家门槛。我国作为世界第二大经济体、第二大消费市场、制造业第一大国、货物贸易第一大国等的地位进一步巩固提升。

高质量发展是确保现代化建设不断满足人民对美好生活需要的根本支撑。习近平总书记强调："只有坚持以人民为中心的发展思想，坚持发展为了人民、发展依靠人民、发展成果由人民共享，才会有正确的发展观、

---

① 《高举中国特色社会主义伟大旗帜 为全面建设社会主义现代化国家而团结奋斗——在中国共产党第二十次全国代表大会上的报告》，《人民日报》2022年10月26日。

现代化观。"①党的十八大以来，我们深刻把握我国社会主要矛盾变化带来的新特点新要求，紧紧围绕解决发展不平衡不充分问题，在推动高质量发展中不断增进民生福祉。近1亿农村贫困人口实现脱贫，城镇新增就业累计超过1.4亿人，居民年人均可支配收入超过3.6万元，建成世界上规模最大的教育体系、社会保障体系、医疗卫生体系。

推动高质量发展是实现现代化建设行稳致远的重要保障。安全是发展的前提，发展是安全的保障，要坚持统筹发展和安全，坚持发展和安全并重，实现高质量发展和高水平安全的良性互动。党的十八大以来，我们不断畅通经济循环，努力稳链强链、补链延链，提升产业链、供应链韧性，加强技术创新动能，有效防范化解各类风险挑战，确保社会主义现代化事业顺利推进。粮食产量连续8年稳定在1.3万亿斤以上，能源供给保障能力持续提升，多个能源品种产能位居世界第一，产业链、供应链自主可控能力不断增强。

（三）高质量发展是广东省实现现代化的根本出路

作为改革开放的排头兵，当前广东总体上已经率先从高速增长阶段转向高质量发展阶段，既具备了坚实的发展基础，也面临着不少新的问题与挑战。广东经济规模巨大，产业配套体系完善，市场机制灵活有效，对外开放度较高，与全国其他地区相比，经济转型升级与领先发展的优势较为明显。特别是在粤港澳大湾区和深圳中国特色社会主义先行示范区"双区"建设不断深入推进的情况下，经济高质量发展的动力源加速形成，全省经济社会发展跃上新台阶。但与此同时，伴随着国内外市场环境的变化，广东处于"两个前沿"地带所面临的外部风险挑战更为凸显，创新链

---

① 《习近平谈治国理政》第4卷，外文出版社2022年版，第171页。

产业链供应链被"卡脖子"的难题仍未得到有效解决，城乡区域发展不协调，生态建设、民生保障、社会治理和安全发展等领域仍然存在一系列结构性、体制性问题。当前关头，要以高质量发展为牵引，深刻认识广东在现代化建设大局中肩负着走在前列、支撑带动、窗口示范的使命任务，切实把高质量发展作为广东现代化建设的首要任务和总抓手，高水平推进现代化建设。

其一，创新是探索中国式现代化广东路径的内生动力。习近平总书记强调："创新是第一动力。"①党的二十大报告在谈到2035年我国发展的总体目标时，明确提出要实现高水平科技自立自强，进入创新型国家前列。中国式现代化蕴含了中国特色和中国气质，广东是中国式现代化建设进程中的重要组成部分。推进中国式现代化广东实践，创新是内生动力。创新首先是理念和观念上的创新，各地各部门和各企业要有重新出发、勇闯新路的勇气，拿出当年改革开放之初"摸着石头过河"的闯劲来，冲破惯性思维，不为传统所拘、不为定式所累、不为经验所缚。以等不起的紧迫感、慢不得的危机感、坐不住的责任感，激荡起推动高质量发展的崭新气象，把自身发展融入全省高质量发展的大局大势中来。创新是模式和制度上的创新，各地和各企业在发展模式和管理制度上要大胆探索，坚持效率优先，推动经济结构优化转型。创新更是科技的创新，广东高质量发展一定离不开科技创新的驱动，各有关单位和广大企业要勇攀科技高峰，突破制约经济和企业发展的"卡脖子"科技难题，让更多的广东产品、广东品牌、广东企业、广东产业享誉世界。此外，广东要实现高质量发展，必须把创新驱动发展战略放在突出位置，把创新作为引领高质量发展的第一动力。尤其是作为信息化、数字化、智能化集中体现的人工智能，是新一

---

① 《高举中国特色社会主义伟大旗帜 为全面建设社会主义现代化国家而团结奋斗——在中国共产党第二十次全国代表大会上的报告》，《人民日报》2022年10月26日。

轮产业革命的核心驱动力和制造业转型的新引擎，能在生产、服务、消费等各个环节催生出更多新应用，实现经济结构的优化和生产效率的提升。推动人工智能与传统制造业相融合，促进传统制造业弯道超车，改变广东制造业"量大效低"的局面，尽快向先进制造业转型。

其二，培育新动能是广东实现高质量发展的重要抓手。广东要以高质量发展实现现代化建设新跨越，必须完整、准确、全面贯彻新发展理念，扎实推动全行业、全领域高质量发展。要坚持高水平对外开放，加快构建以国内大循环为主体、国内国际双循环相互促进的新发展格局。构建新发展格局的关键是培育新动能，这是历史逻辑和现实逻辑共同作用的必然结果。高质量发展是指经济发展增长到一定阶段后，经济发展由拼土地、价格、劳动力向拼新技术、新产业、新产品、新业态的新动能转换。高质量发展的新动能是指以结构优化和效率提升为核心，以知识、技术、信息、数据等新的高级生产要素为支撑，推动经济、社会、文化、生态各领域高质量发展的动能，是从依靠要素投入量的扩大转向主要依靠要素生产率和全要素生产率的提升。具体而言，广东要壮大战略性新兴产业，加快推动新能源、半导体和集成电路、新材料等战略性新兴产业能级提升，抢占战略性新兴产业发展的制高点，提升广东现代化产业体系在全球价值链上的地位。同时，各级政府要通过加大政策、技术和资金等扶持力度，激发市场活力，在坚持公有制经济主体地位的同时，保证非公经济的公平竞争环境，支持中小微企业生存和发展，积极推动制造业的转型升级。此外，广东还要补齐乡村振兴这一短板，坚持农业农村优先发展，构建城乡融合新形态，推动城乡要素双向流动与顺畅配置，扎实抓好"百千万工程"、绿美广东生态建设等重大部署，推动乡村产业、人才、文化、生态、组织振兴。最后，广东要抓住建设粤港澳大湾区、深圳先行示范区和横琴、前海、南沙三大平台等重大机遇，进一步扩大开放，部署建设好大湾区国际科技创新中心、综合性国家科学中心和高水平人才高地，在推进粤港澳服务贸易一体化和打造市场化法治化国际化营商环境等方面走在全国前列。

▼二 新时代广东推进高质量发展的实践与成就

新中国成立之初，广东还是一个经济相对落后的农业省份，改革开放以来，作为排头兵、先行地和实验区，广东创造了中国经济发展的奇迹。从改革开放前的低于全国平均经济增长水平，到改革开放后的1989年经济总量跃升全国第一，至今已连续34年保持中国经济发展的领头羊地位。逼近13万亿元的地区生产总值，也早已超越了"亚洲四小龙"。毫无疑问，改革开放是广东的最鲜明特征。如果说，过去的40多年时间，广东在经济发展量的积累上打下坚实的基础。那么现在，从量的增长到质的突破，"再造一个新广东"，高质量发展成为广东要拼出的"新功夫"。

（一）纵深推进"双区"建设，打造高质量发展的动力源

为了全面贯彻党的二十大精神，深入贯彻习近平总书记对广东系列重要讲话和重要指示精神，广东省出台《中共广东省委 广东省人民政府关于新时代广东高质量发展的若干意见》，坚持把高质量发展作为广东现代化建设的首要任务和总抓手，全面深化改革开放，主动服务和融入新发展格局，不断塑造发展新动能新优势，扎实推进中国式现代化的广东实践，努力在高质量发展上走在前列、当好示范。广东省纵深推进粤港澳大湾区建设，打造高质量发展的重要动力源。坚持以粤港澳大湾区建设为"纲"，牢牢把规划抓在手上、把项目落在地上、把未来融在路上、把百姓记在心上，努力建设世界级湾区、发展最好的湾区。

第一，加快建设粤港澳大湾区国际科技创新中心。推进大湾区综合性国家科学中心建设，构建以广深港、广珠澳科技创新走廊为主轴，其他城市协同支撑的创新格局。加快建设国家实验室、重大科技基础设施，争创更多全国重点实验室，推动省实验室提质增效。协同港澳推进建设一批重大创新平台，做大做强粤港澳大湾区国家技术创新中心，打造若干产业创新高地。

第二，深化实施"湾区通"工程。推进现代化基础设施互联互通，建设"轨道上的大湾区"和世界级港口群、机场群，加快"数字湾区"建设，促进人员、货物、资金、数据等高效便捷流动。强化规则衔接、机制对接，提升大湾区市场一体化水平。深化粤港澳三地民生融通和人文交流，持续完善便利港澳居民生活、学习、就业的政策服务体系，拓展公共服务领域合作，高质量建设青年创新创业基地。健全规划政策实施体系，建立重点项目清单及建设保障机制，确保每年有一批可见可知可感的标志性成果。

第三，推进横琴、前海、南沙三大平台建设。支持横琴发展促进澳门经济适度多元的新产业，健全粤澳共商共建共管共享的新体制，提升琴澳一体化发展水平。支持前海打造全面深化改革创新试验平台，联动构建更具国际竞争力的现代服务业体系，提升金融、法律等领域对外开放水平。支持南沙做深总体规划和城市设计，建设"精明增长、精致城区、岭南特色、田园风格、中国气派"的现代化都市，打造大湾区国际航运、金融和科技创新功能承载区。推进大湾区珠江口一体化高质量发展试点示范，引领打造环珠江口100公里"黄金内湾"。

第四，增强广州、深圳核心引擎功能。支持广州强化综合城市功能，建设教育医疗中心、对外文化交流门户和国际性综合交通枢纽，开展国家服务业扩大开放综合试点，提升城市规划、建设、治理水平，实现老城市新活力和"四个出新出彩"。支持深圳以加快建设全球领先的重要的先进制造业中心为抓手，打造更具全球影响力的经济中心城市和现代化国际大都市，建设好中国特色社会主义先行示范区，创建社会主义现代化强国的城市范例。

（二）形成新发展战略格局，筑牢高质量发展的支撑点

习近平总书记在广东考察时指出："粤港澳大湾区在全国新发展格局中具有重要战略地位。广东要认真贯彻党中央决策部署，把粤港澳大湾区建设作为广东深化改革开放的大机遇、大文章抓紧做实，摆在重中之重，以珠三角为主阵地，举全省之力办好这件大事，使粤港澳大湾区成为新发展格局的战略支点、高质量发展的示范地、中国式现代化的引领地。"①这是以习近平同志为核心的党中央着眼新时代推进中国式现代化大局赋予粤港澳大湾区发展的新定位。战略支点是支撑全局性、高层次战略规划实施的关键点。作为改革开放的排头兵，广东在推动经济高质量发展方面有着比其他地区更重要的责任和使命。2023年，广东计划重点建设项目1530个，年度计划投资1万亿元，重点项目成为稳定经济的重要抓手，新发展的战略格局逐步清晰。

广东全省高质量发展大会确定的战略核心是，以实体经济为本，坚持"制造业当家"，努力建设制造强省。目前，全球制造业发展已进入深度竞争阶段，企业间的竞争转变为产业间的竞争，已成为国际经济竞争的重要现实。而在产业竞争，特别是制造业方面，中国由于自身产业和技术不及对手成熟，经常遭遇"卡脖子"，从而影响到自身发展。对此问题的破解，除了自身技术创新、积极开拓供应链海内外替代环节之外，还应通过

---

① 《坚定不移全面深化改革扩大高水平对外开放 在推进中国式现代化建设中走在前列》，《人民日报》2023年4月14日。

产业集群建设重建供应链体系，并在集群基础上加快实施创新驱动发展战略，实现高水平科技自立自强。

在培育产业集群方面，广州、深圳等经济中心城市已开始布局。以深圳为例，其在国家战略性新兴产业分类的基础上，结合自身产业发展特点，发布《深圳市人民政府关于发展壮大战略性新兴产业集群和培育发展未来产业的意见》（简称《意见》），以培育20个战略性新兴产业集群和8个未来产业发展方向为主要内容，积极抢占未来产业发展先机，提升现代产业体系竞争力，打造引领高质量发展的强大动力源，为深圳建设中国特色社会主义先行示范区提供有力支撑。综合看，这20个战略性新兴产业集群和8个未来产业，具有产业规模与发展格局逐步凸显、战略性新兴产业与优势传统产业融合日渐加深、产业创新要素不断聚集等三个方面的特征。

战略性新兴产业是引导未来经济社会发展的重要力量，是以重大技术突破和重大发展需求为基础，对经济社会全局和长远发展具有重大引领带动作用，是知识技术密集、物质资源消耗少、成长潜力大、综合效益好的产业。无论是在深圳、广州，还是在广东省层面，战略性新兴产业都是国家经济发展主要增长点，而未来产业则为国家经济发展引领新方向。同时，产业集群也可在中国高端制造业发展过程中解决关键技术"卡脖子"等问题。

面向未来，筑牢高质量发展支撑点，需要广东省持续走在前列发挥带动作用。粤港澳大湾区是我国经济活力最强、开放程度最高的区域之一，区域内产业链供应链相对完备，人才集聚、联通内外，是我国产业链最重要的节点地区之一，具有成为新发展格局战略支点的经济基础；香港、澳门、广州和深圳是国际化大都市，珠江三角洲是重要的制造业基地，具有成为新发展格局战略支点的空间优势。粤港澳大湾区提升产业链供应链韧性和安全水平，保持较强经济增长韧性，推动畅通国内大循环，实现国内国际双循环相互促进，将会在全国范围产生重要示范作用，带动周边地区，推动加快构建新发展格局。

其一，需要以创新夯实现代化产业体系基础。现代化产业体系是粤港澳大湾区成为新发展格局的战略支点的基础支撑。经济循环畅通需要各产业有序链接、高效畅通、安全稳定，不断提升现代化产业体系的安全性、完整性、协同性、引领性与竞争力，培育参与产业国际合作和竞争新优势。为此，要加快建设以实体经济为支撑、更具国际竞争力的现代化产业体系。持续推动数字经济和实体经济深度融合，打造更加完善的产业生态系统。高度重视完善、整合区域内的产业链供应链，把港澳现代金融、专业服务等优势与广东制造业、庞大市场等优势结合起来，着力打通研发设计、生产制造、集成服务等产业链，补齐加快构建新发展格局的短板。

其二，需要以高水平科技自立自强为关键支撑。粤港澳大湾区具备坚实的科技创新基础条件，创新要素互补性强。要深入实施创新驱动发展战略，加快区域科技合作的体制机制创新，推进粤港澳大湾区人才高地建设，积极发挥"深圳—香港—广州"创新集群效应，协同构建"创新链—产业链—供应链—金融链—人才链"网络，以关键核心技术攻坚突破供给侧的堵点和脆弱点，打造具有全球影响力的产业科技创新中心。

其三，需要以改革开放激发建设效能。改革开放是把粤港澳大湾区建设成为新发展格局战略支点的重要动力。要充分发挥"敢闯敢试，敢为人先"的精神，发挥重大改革牵一发而动全身的传导放大效应和撬动功能。率先破除体制机制障碍，高效推进粤港澳协同合作。大力深化投融资体制改革，健全多元化市场化投融资机制，拓展有效投资空间，适度超前部署新型基础设施建设，加快现代化交通基础设施、现代流通体系建设，构建联通内外的贸易、投资、生产、服务网络。积极推进高水平对外开放，深度参与全球产业分工和合作，深化与"一带一路"沿线国家和地区的务实合作，继续深耕欧美等发达国家市场。继续扩大商品和要素流动型开放，提升对外整合产业链供应链能力，以国内大循环牵引国内国际在市场、资源、产业等方面实现良性循环，并以国际大循环拓展和补给国内循环，为畅通国内大循环提供有效助力。发挥港澳和横琴、前海、南沙等重大合作平台先行先试作用，对标高标准经贸协议的规则、规制、管理、标准积极探索，提升参与国际循环的质量和水平。

（三）促进城乡区域协调发展，锻造高质量发展的潜力板

2020年，基于国内发展形势和国际发展趋势，中共中央作出"逐步形成以国内大循环为主体、国内国际双循环相互促进的新发展格局"①的重大战略部署。2023年1月31日，习近平总书记在中共中央政治局第二次集体学习时进一步强调，要"全面推进城乡、区域协调发展，提高国内大循环的覆盖面"②，为我国全面开创中国式现代化建设新局面明确了战略路径和方向。立足新发展阶段、贯彻新发展理念、构建新发展格局，必须深刻认识提高国内大循环的覆盖面的理论、历史与现实逻辑，以城乡融合发展为路径推动县域经济高质量发展，以中心城市、都市圈和城市群为主要形态打造区域经济增长极，以国家重大区域战略联动为核心引领统筹区域协调发展政策，加快形成全国统一大市场。

改革开放以来，我国城乡关系与区域空间格局发生深刻变革，其中蕴含着一系列丰富的理论创新。城乡关系主要经历了以城市发展为重点的城乡二元格局的阶段、城乡关系得到有效调整但城乡间不平衡局面未得到根本扭转的阶段、党的十八大以来有效推进城乡融合发展的阶段。区域空间

---

① 《习近平在第七十五届联合国大会一般性辩论上发表重要讲话》，《人民日报》2020年9月23日。

② 习近平：《加快构建新发展格局　把握未来发展主动权》，《求是》2023年第8期。

格局大致经历了以东部沿海地区出口加工型经济为主的阶段、区域均衡发展格局初步形成的阶段、党的十八大以来在新发展理念指引下区域发展更加协调更高质量的阶段。

城乡区域发展不平衡是广东高质量发展的最大短板，也是最大潜力板。习近平总书记高度重视广东、时刻关心广东，2023年4月在广东视察时强调，区域协调发展是实现共同富裕的必然要求，广东要下功夫解决区域发展不平衡问题。2023年以来，广东深入实施"百千万工程"。从2022年底省委十三届二次全会首次提出，到2023年初省委经济工作会议、全省高质量发展大会、省委农村工作会议，"百千万工程"不断向纵深推进。2023年6月召开的省委十三届三次全会，"百千万工程"更是被作为"1310"具体部署的奋力实现十大新突破之一，提出要全面推进县镇村高质量发展。全省122个县（市、区）、1609个乡镇（街道）、2.65万个行政村（社区）以只争朝夕的奋斗姿态苦干实干、创先争优，抓县域发展、抓城镇提能、抓乡村振兴、抓城乡融合，全面推进强县促镇带村，加快把短板变为潜力板，一曲城乡区域协调发展的"协奏曲"正在广东大地奏响。

集中精力发展乡村特色优势产业。为了壮大县域经济发展，广东省立足功能定位，引导各类县域差异化特色化发展。实施推进"百园强县"的有效举措，这是适合广东省情农情的产业振兴战略工程。自2018年开始，省级财政三年拿出75亿元，每个特色产业园投入5千万元、优势产区产业园投入1.5亿元。目前已经建设16个国家级、161个省级、55个市级现代化农业产业园，实现了全省主要农业县、主导产业和主要特色品种全覆盖，形成国家级、省级和市级现代农业产业园梯次发展的格局，初步构建了"跨县集群、一县一园、一镇一业、一村一品"现代乡村产业体系，有效拉动"县、镇、村"的全面产业振兴布局，打响了"粤字号"农业品牌。

大力推进美丽宜居新乡村。乡村振兴，生态宜居是关键。习近平总书记指出，"生态宜居，是乡村振兴的内在要求，从'村容整洁'到'生态宜居'反映了农村生态文明建设质的提升，体现了广大农民群众对建设美丽家园的追求"。①为此，广东省将农村人居环境整治作为实施乡村振兴战略的第一场硬仗，部署开展以"三清三拆三整治"为重点的村庄清洁专项行动，着力解决农村突出环境问题，全域提升农村人居环境质量。美丽乡村建设，归根结底是为了让农民群众生活得更好更舒适。广东农村基础设施建设薄弱，尤其粤东西北地区农村长期发展滞后、投入不足和历史欠账多。广东省委、省政府始终抓重点、补短板、强弱项，因地制宜加快农村基础设施建设，着力推进乡村基础设施建设补齐短板。目前，广东累计新建改造农村公路381公里，实现涉农地区全部通高铁、山区镇全部通高速，村道硬化率达到100%；自然村集中供水覆盖率达到87%，农村光纤入户率近57%，农村生活垃圾处置体系全覆盖，农村卫生户厕1341万余户，普及率达99%。此外，广东大力推进传承发展岭南特色乡村文化。习近平总书记强调，乡村振兴，既要塑形，也要铸魂。文化振兴是乡村振兴的灵魂，是乡村高质量发展的内生动力。多年来，广东高度重视岭南优秀特色文化，既大力挖掘保护，也重视弘扬、传承和创新，并力争开拓市场，使美丽宜居新乡村既有"颜值"更有"内涵"。

加快农村重点领域改革。党的十八届三中全会以来，广东南海区、蕉岭县、阳山县等四个县（市、区）先后入选集体经营建设用地入市、农村承包土地的经营权抵押贷款、农民住房财产权抵押贷款以及新一轮宅基地制度等国家级改革试点，取得了大量创新成果。同时，广东落实最严格的耕地保护制度作为战略性头等大事，建立耕地"田长负责制"，实行县、乡、村三级联动全覆盖的耕地保护网格化监管，推动建立耕地保护责任落

---

① 习近平：《把乡村振兴战略作为新时代"三农"工作总抓手》，《求是》2019年第11期。

实与基层干部绩效评价挂钩的奖惩机制。第三次全国土地调查显示，广东耕地面积为2852.87万亩，其中粮食生产功能区稳定在1350万亩以上，承包地流转面积达1776.12万亩，占农村承包地面积的50.45%。

推进都市圈牵引的城乡融合发展改革。2020年，广东省委、省政府印发《广东省建立健全城乡融合发展体制机制和政策体系的若干措施》，提出建设广州、深圳、珠江口西岸、汕潮揭、湛茂等五大都市圈。广东以都市圈为牵引，以国家城乡融合发展试验区广清结合片区和10个国家县城新型城镇化建设示范县（市）为重点，促进都市圈内中心城市与周边城乡同城化发展、率先推动统一市场建设、基础设施一体高效、公共服务共建共享、产业专业化分工协作、生态环境共保共治，增强都市圈综合承载能力和辐射带动作用，推动形成城乡利益共同体和互促互荣格局。此外，广东积极推进农村集体资产股份制改革。广东省2018年农村集体资产清产核资结果显示，现有农村集体经济组织24.4万个，涉及集体账面资产5598.76亿元，约占全国的17%，因而，2018年广东省委、省政府将实践探索的成功经验上升为制度安排，出台了《关于稳步推进农村集体产权制度改革的实施意见》。

▼三　在新起点上确保广东始终在高质量发展中走在前列

新征程上，广东要继续推进高质量发展，确保始终在高质量发展中走在前列。习近平总书记指出："粗放型经济发展方式曾经在我国发挥了很大作用，大兵团作战加快了我国经济发展步伐，但现在再按照过去那种粗放型发展方式来做，不仅国内条件不支持，国际条件也不支持，是不可持续的，不抓紧转变，总有一天会走进死胡同。"①因此，广东的高质量发展不应简单以国内生产总值增长率论英雄，而以提高经济增长质量和效益为立足点，在质量变革、效率变革、动力变革的基础上建设现代化经济体系，必将促进我国资源节约型、环境友好型社会建设，走出一条生产发展、生活富裕、生态良好的文明发展道路。

（一）更加主动转变发展方式

新时代以来，广东省现代产业体系初步形成，产业继续向中高端水平迈进，初步形成以先进制造业为支撑、现代服务业为主导的现代产业体系。支柱产业不断壮大，形成电子信息、绿色石化、智能家电等7个万亿级产业集群。战略性新兴产业发展迅猛，5G产业、数字经济规模均居全国首位。现代物流业、电子商务业、健康服务业快速发展，新兴服务产业和跨境电商、市场采购贸易等新业态新模式蓬勃发展。2020年，三次产业比重调整为4.3∶39.2∶56.5，先进制造业增加值占规模以上工业增加值比重达56.1%，现代服务业增加值占服务业增加值比重达64.7%，新经济增加值占地区生产总值比重达25.2%；2019年，民营经济增加值占地区生产总值比重达54.8%。广东海洋经济综合试验区基本建成，海洋经济持续稳步发展，2019年海洋经济生产总值约2.11万亿元，连续25年居全国首位。

同时，广东省创新驱动发展取得重要突破。区域创新综合能力连续四年居全国首位，初步形成以广州、深圳为龙头，珠三角地区7市国家高新技术产业开发区为支撑，辐射带动粤东粤西粤北地区协同发展的创新格局。全省研发经费支出占地区生产总值比重由2015年的2.41%提高到2020年的2.90%；每万人发明专利拥有量达28.04件，比全国平均水平多12.24

---

① 《习近平谈治国理政》第2卷，外文出版社2017年版，第239—240页。

件，PCT国际专利申请量约占全国总量的41%，知识产权综合实力连续8年居全国首位；科技进步贡献率达60%，基本达到创新型地区水平。中国（东莞）散裂中子源正式运行，未来网络试验设施、江门中微子实验站、惠州加速器驱动嬗变系统和强流重离子加速器装置等一批国家重大科技基础设施加快建设，大湾区综合性国家科学中心获批建设。国家重点实验室和省重点实验室总数分别达30个、396个；国家级高新技术企业总量达5.3万家，总数、总收入、净利润等均居全国第一；省级新型研发机构达251个。科技产业创新平台建设成效显著，累计获国家批复建设国家级创新中心3个、国家工程研究中心（工程实验室）22个、国家地方联合工程研究中心45个。高技术制造业增加值占规模以上工业增加值比重达31.1%，比2015年提高5.5个百分点。

尽管如此，广东人口数量多、资源约束紧，提高发展平衡性和协调性的任务非常重，不可能继续拼土地、拼价格、拼劳动力。在传统发展模式难以为继的情况下，必须克服工作惯性、摆脱路径依赖，完整、准确、全面贯彻新发展理念，努力实现创新成为第一动力、协调成为内生特点、绿色成为普遍形态、开放成为必由之路、共享成为根本目的的高质量发展，率先实现质量变革、效率变革、动力变革。在当前全球产业结构和布局深度调整的背景下，必须以更加积极主动姿态来适应生产函数发生的显著改变，克服传统模式之困、化解停滞落后之危，推动经济向形态更高级、分工更复杂、结构更合理的阶段演化，在各种不确定性中不断增强我们的生存力、竞争力、发展力、持续力。

因此，在广东省第十四个五年规划中，明确提出要实施创新驱动发展战略，加快创新型强省建设。广东省以粤港澳大湾区国际科技创新中心建设为引领，坚持科技创新和制度创新双轮驱动、锻长板与补短板齐头并进，促进创新链条有机融合和全面贯通，增强创新体系整体效能，对标全球主要科学中心和创新高地，着力提升以重大科技基础设施、高水平实验室和科研机构为核心的创新基础能力，建设具有全球影响力的科技和产业创新高地。

规划明确提出，要增强基础研究能力。充分发挥广东省基础与应用基础研究基金的支撑和引导作用，健全政府投入为主、社会多渠道投入机制，到2025年，争取全社会基础研究经费投入占研发经费比重达到10%，财政科学技术支出中用于基础研究的支出比重超过10%。持续推进布局省基础研究重大项目，强化应用基础研究主攻方向，完善共性基础技术供给体系，重点推进网络空间科学与技术、病原微生物与重大传染病、脑科学与类脑研究、材料基因工程、合成生物学等基础领域研究。依托重大科技基础设施和高水平实验室体系，充分集聚国内外基础研究人才团队和创新资源，积极参与国际大科学计划和大科学工程，加强基础研究领域国际合作与重大科技基础设施建设。以大湾区综合性国家科学中心建设为主要牵引，按照"学科集中、区域集聚"和"谋划一批、建设一批、运行一批"的原则，合理有序布局建设重大科技基础设施，构建稳定运行保障机制。建立公开、公平、便利的科技基础设施和仪器设备开放共享机制，确保设施仪器"应开放尽开放"，公共数据"应共享尽共享"。支持深圳探索建设国际科技信息中心。完善与国家部委和科研院所的合作会商协调机制，鼓励国家级科研院所、大型央企、跨国公司等在粤设立研发机构，支持中央驻粤科研院所发展和发挥引领示范作用，争取建设一批基础学科研究中心和前沿科学交叉研究平台。加快建设中国科学院明珠科学园，规划建设西丽湖国际科教城，吸引国内外高水平科研机构和人才向粤港澳大湾区集聚。推动省科学院、省农科院等地方科研机构高质量发展。联合港澳建设一批高端研究机构和创新平台，鼓励境外科研机构、跨国公司等在广东设立研发总部或区域研发中心，支持重点企业在海外建立研发机构或联合研究院，推动跨境科技创新合作。

（二）更加强化吸聚高水平要素资源的势能

当今世界，全球产业链和供应链面临保护主义、单边主义的冲击，世界进入竞争优势重塑、国际经贸规则重建、全球力量格局重构叠加期，国际经济、科技、文化、安全、政治等格局都在发生深刻调整，旧的格局行将打破，新的相对稳定局势尚未建立，不稳定性不确定性明显增强。新一轮科技革命和产业变革深入发展，数字时代加速到来，将推动生产生活方式发生前所未有的变革，并深刻改变国家间比较优势。同时，我国发展仍然处于重要战略机遇期，但机遇和挑战都有新的发展变化，机遇和挑战之大前所未有，总体上机遇大于挑战。从社会主要矛盾看，我国社会主要矛盾已经转化为人民日益增长的美好生活需要和不平衡不充分的发展之间的矛盾，发展中的矛盾和问题集中体现在发展质量上；从发展方式看，我国推动经济从规模扩张转向结构优化、从要素驱动转向创新驱动，正处于质量变革、效率变革、动力变革的关键时期；从战略格局看，中心城市和城市群成为承载发展要素的主要空间形式，经济发展优势区域将更多地集聚人口和要素资源。总的来看，我国已转向高质量发展阶段，制度优势显著，治理效能提升，经济长期向好，物质基础雄厚，人力资源丰富，市场空间广阔，发展韧性强劲，社会大局稳定，继续发展具有多方面优势和条件。

就广东省而言，处于竞争优势重塑期、新旧动能加速转换期、工业化城镇化深化期、社会转型加速期、全面深化改革攻坚期、生态环境提升期，发展呈现新的阶段性特征，正处于跨越常规性、长期性关口的攻坚阶段，既具备坚实的发展条件，也面临不少新旧矛盾挑战。一方面，广东省经济总量大、产业配套齐、消费空间广、市场机制活、开放水平高，转型升级、领先发展的态势更加明显，粤港澳大湾区和深圳中国特色社会主义先行示范区的"双区驱动效应"不断增强，打造新发展格局战略支点，将为广东省发展拓展更加广阔的空间；另一方面，广东省经济结构性体制性周期性问题依然存在，处于"两个前沿"所面临的外部风险挑战更为直接，创新链、产业链、供应链存在明显薄弱环节，城乡、区域、物质文明和精神文明发展不平衡，生态环保、民生保障、社会治理、农业农村、安全发展等领域还存在短板弱项。

综合研判，尽管外部环境和自身条件发生了明显变化，不确定性显著提升，但广东省经济社会平稳健康发展的基础依然坚实，发展韧性好、潜力足、回旋空间大的基本特质没有变，应对重大风险和挑战的能力明显增强。中央积极支持广东省继续走在全国前列，"双区"建设等多重国家战略和先行先试政策在广东省叠加，为广东省应对新挑战、增创新优势、实现新发展带来重大机遇，将有力牵引带动广东省加快形成高水平全面开放新格局和高质量发展高地。特别是有党的坚强领导和中国特色社会主义制度的显著优势，有习近平新时代中国特色社会主义思想的科学指引，广东省完全有信心有能力有条件在危机中育先机、于变局中开新局。

作为改革开放的排头兵、先行地、实验区，广东有基础、有条件、有能力利用好国内国际两个市场、两种资源，不断塑造发展新动能新优势。要擦亮强大实力、巨大潜力、优越环境的金字招牌，强化聚焦高质量发展、拼搏高质量发展的进取态势，坚定各方看好广东的决心和定力，塑造吸聚全球要素资源的强磁场，在百舸争流的发展竞争中借势扬帆、一日千里。要着力激活改革动力、开放动力、创新动力，通过加强对内开放、推进高水平对外开放、深化粤港澳合作、促进城乡区域协调发展等，携手港澳加快建设全球科技创新高地和新兴产业重要策源地，扎实推进粤港澳大湾区高水平人才高地建设，让要素流动畅起来、配置效率高起来、集聚效应强起来。

当前，广东省全面深化改革成效显著。扎实推进18项重大改革任务落地见效，率先推进13项创造型、引领型改革任务攻坚突破。"放管服"改革持续深化，省级权责清单事项从5567项大幅压减至1069项；持续开展"减证便民"行动，累计取消各类证明事项1220项。全面完成省市县政府机构改革任务。数字政府改革建设走在全国前列，"粤省事""粤商通""粤政易"实名注册量分别超过9500万、600万、170万，网上政务服务能力稳居全国首位。加大财政、国资国企等领域改革力度，实现省市县预算编制执行监督管理全覆盖，部分省属国有企业战略性重组、专业化整合。深圳综合改革试点全面启动。出台深化营商环境综合改革行动方案，形成58项营商环境改革制度成果，建成全国首个省级电子税务局，企业开办时间平均仅需1个工作日。全省实有各类市场主体总量达1385万户，五年净增600万户；规模以上工业企业总量突破5.5万家，居全国第一。出台"实体经济十条""民营经济十条"等政策措施，累计为企业降低成本超过3800亿元。

全面开放新格局加快形成。粤港澳大湾区建设上升为国家战略。广东自贸试验区累计形成527项制度创新成果，41项全国首创，6项成为全国最佳实践案例，133项在全省相关范围复制推广。外贸格局持续优化，一般贸易进出口超过加工贸易，占全省进出口总额比重由2015年的42.1%提升至2020年的51.2%，民营企业出口占全省出口总额比重由39%提升至55.1%，成为第一大贸易主体；贸易新业态新模式蓬勃发展，跨境电商进出口和市场采购出口实现快速增长。参与"一带一路"建设成果丰硕，"十三五"时期，全省对"一带一路"沿线国家进出口总额累计达7.9万亿元，年均增长7.5%，2020年对沿线国家进出口总额占全省比重达24.8%；中欧班列共发运1069列，发送集装箱10万标准箱，货值52.1亿美元；缔结友好城市关系累计203对，基本实现沿线主要国家全覆盖。利用外资提质增效取得新突破，巴斯夫、埃克森美孚等一批高质量外资大项目相继落户、顺利推进，五年累计实际利用外资7277.1亿元。对外投资合作实现新发展，五年累计对外实际投资693.3亿美元。

在此背景下，广东省"十四五"规划明确指出，要更加坚持扩大内需战略基点，扭住供给侧结构性改革，注重需求侧管理，强化支撑功能、联通功能、撬动功能，更好利用国内国际两个市场、两种资源，形成需求牵引供给、供给创造需求的更高水平动态平衡，打造规则衔接示范地、高端要素集聚地、科技产业创新策源地、内外循环链接地、安全发展支撑地。要更加深入实施数字中国发展战略，加快建设数字广东，全面推进经济社会各领域数字化转型发展，着力提升数字化生产力，充分发挥数据作为关键生产要素的重要价值，推动经济发展质量变革、效率变革和动力变革，建设全球领先的数字化发展高地。更加深入实施开放的人才政策，聚焦重点领域、重点产业人才需求，面向全球引才聚才，强化人才支撑，营造近悦远来、拴心留才的创新创业人才发展环境，打造创新人才高地。

（三）更加坚定践行以人民为中心的发展思想

习近平总书记在茂名高州市根子镇柏桥村视察时指出："共产党没有自己的私利，就是为人民服务，看到你们发展起来，我们才高兴！"[1]在推进中国式现代化建设中走在前列，根本上是为了更好满足人民群众对美好生活的需要。要牢记为人民谋幸福、为民族谋复兴是我们推进现代化建设的出发点和落脚点，坚持和发展全过程人民民主的重大理念，牢固树立正确的政绩观、发展观、现代化观，把增进民生福祉作为高质量发展根本

---

① 《四次考察广东，总书记殷殷嘱托》，海外网2023年4月15日。

目的，把促进共同富裕放在突出位置来抓，在不断满足人民群众对美好生活向往中凝聚起走在前列的磅礴力量。

广东省在"十三五"期间，扎实推进民生保障事业发展，基本建立统筹城乡、公平可及、服务便利、运行高效、保障有力的公共服务体系，让改革发展成果更多更公平惠及全体人民，促进社会公平正义、和谐稳定、健康发展。"十三五"期间，人民生活质量明显改善。2020年，全省居民人均可支配收入达4.1万元，五年年均实际增长5.5%。"十三五"时期，城镇新增就业人数累计突破700万人，城镇登记失业率控制在3.5%以内，"粤菜师傅""广东技工""南粤家政"等惠民工程深入推进。养老、医疗保险基本实现全覆盖，全省城乡居民基本养老保险基础养老金最低标准提高到每人每月180元，居民医保财政补助标准提高到每人每年520元，实施企业职工基本养老保险、工伤保险基金省级统筹，五大险种参保人数和基金累计结余均居全国第一。教育强镇、强县、强市和推进教育现代化先进县（市、区）实现全覆盖，公办幼儿园和普惠性民办幼儿园在园幼儿占比达86%。高等教育进入普及化阶段，高等教育毛入学率达52%。启动建设30家高水平医院，分级诊疗和医联体建设取得积极进展。扎实推进文化强省建设，省级重大标志性文化工程"三馆合一"项目正式开工，中央广播电视总台大湾区之声落户深圳，基本实现全省五级公共文化基础设施全覆盖。便民利民的公共体育设施覆盖城乡，"15分钟健身圈"基本建成。城镇棚户区住房改造稳步推进，五年累计新开工各类棚户区改造住房20.2万套。坚持人民至上、生命至上，新冠肺炎疫情防控取得重大战略成果，最大限度保障人民群众生命安全和身体健康，社会保持持续安全稳定，人民群众获得感、幸福感、安全感不断提高。

"十三五"期间，广东省城乡区域发展协调性明显增强。区域协调发展战略深入实施，新型城镇化战略和乡村振兴战略协同推进，"一核一带一区"区域发展格局渐次成型，城乡区域基础设施互联互通和基本公共服务均等化水平不断提升。2019年全省常住人口城镇化率达71.4%，四年提高2.7个百分点，累计实现1150万非户籍人口在城市落户。珠三角地区核心引领作用进一步增强，深圳建设中国特色社会主义先行示范区、广州实现老城市新活力和"四个出新出彩"全面推进，广州、深圳"双城"联动态势初步形成，佛山进入经济总量万亿元城市行列，东莞经济总量接近万亿元，深汕特别合作区打造"飞地经济"区域协调发展创新范例。沿海经济带产业支撑强化，660多个投资超10亿元的产业项目密集落地，沿海重化产业带和海上风电等清洁能源产业集群逐步形成。珠三角地区联系东西两翼地区快速运输通道基本形成，一批高等院校和高水平医院在粤东粤西粤北地区布局建设。北部生态发展区绿色发展优势凸显，以生态农业、绿色工业、生态旅游为主体的生态产业体系初步构建，梅州、韶关获批国家生态文明示范区。城乡融合发展格局加快构建，全省乡村面貌发生历史性变化，现代化乡村产业体系初步建立，实现农业县现代农业产业园全覆盖；农村人居环境整治效果显著，全省自然村基本完成基础环境整治；城乡居民收入差距不断缩小，城乡居民人均可支配收入比由2015年的2.60：1缩小到2020年的2.50：1。

习近平总书记指出，全面建成小康社会，在保持经济增长的同时，更重要的是落实以人民为中心的发展思想，想群众之所想、急群众之所急、解群众之所困，在学有所教、劳有所得、病有所医、老有所养、住有所居上持续取得新进展。[①]可见，面向未来，坚持以人民为中心，根本的是要把保障和改善民生紧紧抓在手上，突出问题导向，回应群众关切，坚持公共服务先行，夯实社会治理基础，全力办好民生"关键小事"，多做暖人

---

① 《从解决好人民群众普遍关心的突出问题入手 推进全面小康社会建设》，《人民日报》2016年12月22日。

心、得人心的实事。因此，广东省在面向"十四五"期间，更加要推进社会事业建设，让改革发展成果更多更公平惠及全体人民，促进社会公平正义、和谐稳定、健康发展。

其一，实施积极就业政策，促进更充分更高质量就业。强化就业优先政策，创造更多就业岗位，推进全方位公共就业服务，促进重点群体就业创业，营造公平就业环境，实现更加充分更高质量就业。坚持把稳定和扩大就业作为经济社会发展的优先目标，将保障居民就业作为经济工作的底线。强化就业政策与经济、社会政策的衔接，建立就业影响评估机制。优化升级援企稳岗政策，扶持稳定市场主体，增加就业岗位。壮大新动能培育新就业增长点，健全灵活就业人员社保制度，引导和规范新业态就业发展，扩大灵活就业、新就业形态空间。完善就业服务体系，丰富公共就业服务渠道，完善普惠性创业扶持政策，推进创业孵化载体建设，举办创业创新大赛，增强政府创业指导功能。完善高校毕业生、退役军人、大龄失业群体、异地务工人员等重点群体就业支持体系。扩大公益性岗位安置，帮扶残疾人、零就业家庭成员等就业困难人员就业。深入实施职业技能提升行动，推进"粤菜师傅""广东技工""南粤家政"三项工程高质量发展。深入实施"大众创业、万众创新"，促进创业带动就业。健全就业需求调查和失业监测预警机制。

其二，努力提高人民收入水平。坚持按劳分配为主、多种分配方式并存，完善再分配机制，逐步扩大中等收入群体比重，规范收入分配秩序，缩小城乡、区域、群体间收入差距，促进共同富裕。优化初次分配制度。普遍提高居民收入水平，坚持在经济增长的同时实现居民收入基本同步增长，在劳动生产率提高的同时实现劳动报酬同步提高。拓宽居民劳动收入和财产性收入渠道，坚持多劳多得，提高劳动者特别是一线劳动者的劳动报酬，劳动报酬在初次分配中的比重逐步提高。健全工资决定和正常增长机制，完善企业薪酬调查及人工成本监测、企业工资集体协商等制度，完善与经济发展相适应的最低工资标准调整机制，深化国有企业工资决定机制和工资分配监管体制改革。探索通过土地、资本等要素使用权、收益权增加中低收入群体要素收入。完善再分配机制。健全以税收、社会保障、转移支付等为主要手段的分配调节机制，提高调节的精准性，合理调节城乡、区域、不同群体间分配关系。调整和优化公共财政支出结构，加大民生投入。密切关注低收入群体增收困难状况，加强救助和帮扶，确保困难群众、困境儿童、残疾人等重点群体的各项补贴扶助落实到位。发挥第三次分配作用，激发重点群体增收活力。激发技能人才、新型职业农民、科研人员等重点群体活力，带动居民增收。提高技术工人待遇，推动建立企业技术工人工资正常增长机制。实施工资激励计划，国有企业工资总额分配向高技能人才倾斜。增强知识价值导向力度，完善事业单位岗位绩效工资制度，深化高校、科研机构、公立医院、文化展馆等事业单位收入分配制度改革。

其三，完善覆盖全民的社会保险体系。要深入实施全民参保计划，对不同重点群体分类施策，推动实现应保尽保，提高参保缴费质量。建立健全以基本养老保险为基础、企业（职业）年金为补充、与个人储蓄性养老保险和商业养老保险相衔接的多层次、多支柱养老保险体系，积极完善企业职工基本养老保险省级统筹，对接全国统筹。推动城乡居民基本养老保险基金省级管理，促进其与社会救助、社会福利等其他社会保障制度的配套衔接。按国家部署实施渐进式延迟法定退休年龄。推动失业保险基金省级统筹，扩大失业保险保障范围，推动失业保险从基本生活保障向进一步促进就业拓展、从事后帮扶就业向事前预防失业拓展、从参保失业人员向所有参保人员拓展。推动工伤保险从单位职工向职业劳动者的广覆盖，完善工伤保险基金省级统筹和预防、补偿、康复"三位一体"制度。完善城镇职工基本养老金、城乡居民养老保险待遇确定和基础养老金标准正常调整机制，提高失业保险金标准，完善工伤保险长期待遇调整机制，不断提高社会保障水平。完善统一的社会保险公共服务平台。加强社会保险基金监督。

其四，完善住房供给和保障体系。坚持房子是用来住的，不是用来炒的定位，落实城市主体责任，促进房地产市场平稳健康发展。完善住房市场体系和住房保障体系，建立多主体供给、多渠道供应、租购并举的住房制度。坚持因城施策、一城一策，健全住房和土地联动机制，加强房地产金融调控，遏制投资投机性需求。加快培育和发展住房租赁市场，有效盘活存量住房资源，完善长租房政策。规范发展公租房，继续做好城镇中等偏下及以下收入住房困难家庭的保障工作。以人口流入多的城市为重点，有效增加保障性租赁住房供给，着力解决困难群体和新市民住房问题。"十四五"时期，全省计划新增筹集保障性租赁住房30万套。单列租赁住房用地计划，探索支持利用集体建设用地和企事业单位自有闲置土地建设租赁住房，支持将非住宅房屋改建成保障性租赁住房。适时调整公共租赁住房准入条件，优化轮候、配租和退出机制，探索建立政府购买运营管理服务机制。多渠道筹集公共房源，发展一批以住房租赁为主营业务的规模化、专业化企业或机构。完善土地出让收入分配机制，加大财税、金融支持力度，改革住房公积金制度。以大城市、人口集聚的城市为重点，因地制宜发展共有产权住房。继续稳步推进城镇棚户区改造。

第三章

着眼构建新发展格局深刻认识总目标蕴含的新期待

加快构建以国内大循环为主体、国内国际双循环相互促进的新发展格局，是"十四五"规划提出的一项关系我国发展全局的重大战略任务，需要从全局高度准确把握和积极推进[1]。2023年4月，习近平总书记第四次来到广东考察调研时强调"广东是改革开放的排头兵、先行地、实验区，在中国式现代化建设的大局中地位重要、作用突出"[2]，在新的国内外形势下，广东承载着新一轮改革开放先行地的历史责任，在着眼构建新发展格局的目标任务中使命光荣。

 一　构建新发展格局是把握未来发展主动权的战略布局与先手棋

所谓"大局"者，事关天下大势，事关发展存续。构建新发展格局是以习近平同志为核心的党中央在科学认识与研判全球竞争大势之后所作出的战略判断。如何处理国际循环与国内循环的关系，是发展中国家的普遍性国际性难题。习近平总书记提出了解决这一难题的思想，就是"加快构建以国内大循环为主体、国内国际双循环相互促进的新发展格局"[3]。

---

① 《习近平谈治国理政》第4卷，外文出版社2022年版，第174页。

② 《坚定不能全面深化改革扩大高水平对处开放　在推进中国式现代化建设中走在前列》，《人民日报》2023年4月14日。

③ 习近平：《把握新发展阶段，贯彻新发展理念，构建新发展格局》，《求是》2021年第9期。

（一）科学认识与研判全球竞争新格局的历史必然

新时代以来我们面临世界百年未有之大变局，国际格局和国际关系发生深刻调整，"人类社会的生产方式、生活方式和思维方式也都随之发生了根本改变"①，全球经贸格局及治理体系发生深刻调整，西方主导的现代化路径以及国际秩序体系正在遭遇前所未有的"全方位、全系统"挑战，"东升西降"现象日益得到各界认可和多维度论证（国内外权威智库报告以及文献研究主要从科技创新策源地、全球供应链分布、地缘政治影响力变迁等视角分析该现象），后发国家对现代化道路的思考不断形成独立意识，反对强权、霸凌的改革与呼声日渐高扬，全球治理体系加速呈现多元化。近年来国际经贸领域的摩擦反复，西方发达国家试图继续巩固和维护不合理的国际经贸旧秩序，并试图通过制定和构筑区域性经贸协议新机制，对广大发展中国家的发展与崛起制造新的障碍。

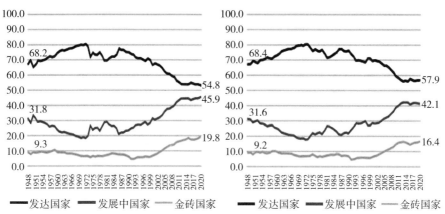

图1：全球视角下的货物贸易出口比重（左边）+进口比重（右边）

注：以上均为（1948—2020）年度值，数据来源为：联合国贸易和发展会议统计数据库

① 《百年大党与中国之治：新时代统筹好"两个大局"的基本内涵》，人民论坛网2021年6月21日。

但值得关注的是，近年来广大发展中国家的崛起呈现不可逆趋势，尤其是我国在进入新时代以后，伴随着经济增长方式与动能的升级转换，经济规模优势持续巩固。如上图所示，发达国家的国际贸易进出口占比、全球生产总值占比均持续下降，新兴市场及发展中经济体呈现强势崛起态势，百年变局中最为关键的变量在于世界上主要国家之间的力量变换，中国生产总值在全球占比大幅度提升，G7在全球经济占比下降，失去主导世界政治经济格局的力量[①]。20世纪80年代初期，全球生产总值总量约为11.23万亿美元，其中G7国家合计高达6.93万亿美元（占全球比重为61.71%），刚开始改革开放探索的中国生产总值为0.19万亿美元（美国约为中国的15倍），截至2022年底，全球生产总值总量超过100万亿美元，以美国为首的G7国家，经济总量达到43.56万亿美元（占全球比重约为44%，较20世纪80年代下降近17%）。

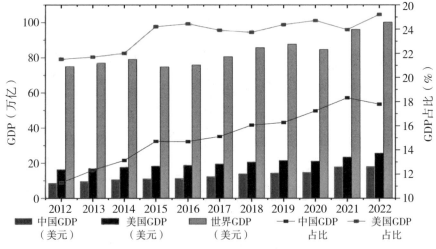

图2：中-美以及全球生产总值（2012-2022）年度时序图

---

① 林毅夫：《百年未有之大变局下的中国新发展格局与未来经济发展的展望》，《北京大学学报（哲学社会科学版）》2021年第5期。

反观中国的经济总量保持持续增长，产业韧性不断强化①，以中国为代表的广大发展中国家和新兴经济体推动世界经济格局深度调整，全球科技创新、制造业供应链、地缘政治影响力不断向亚洲迁移（"南升北降"现象出现），百年变局对应的是我国在全球秩序变化中的战略机遇和成长空间，科学认识与研判全球竞争新格局呈现历史必然性。

（二）着眼两个大局下中国式现代化新征程的理论必然

构建新发展格局是把握好两个大局新形势的重大理论创新。习近平总书记强调，新发展格局明确了我国经济现代化的路径选择，其最本质的特征是实现高水平的自立自强，必须坚持深化供给侧结构性改革②。两个大局是当代中国的谋事之基③和各项工作的基本出发点，也是中华民族伟大复兴战略全局与世界百年未有之大变局的历史性交汇，我们要"准确把握两个大局的规律性、互动性，增强胸怀两个大局的自觉性、主动性"④，我国十四亿人口要整体迈入现代化社会，其规模超过现有发达国家的总和，将彻底改写现代化的世界版图，在人类历史上是一件有深远影响的大事⑤，西方国家于20世纪90年代形成了可持续发展共识，开始注重人口、

---

① 中国制造业增加值占全球比重从22.5%提高到近30%，高技术制造业和装备制造业占规模以上工业增加值比重分别从2012年的9.4%、28%提高到2021年的15.1%和32.4%；最终消费支出对经济增长的贡献率在2021年达到65.4%，比2012年提高10个百分点，成为经济增长第一拉动力。（数据来源：《世界银行报告2022》，新华社2022年11月28日转载。）

② 《习近平谈治国理政》第4卷，外文出版社2022年版，第176—179页。

③ 《两个大局是当代中国的谋事之基》，《学习时报》2020年3月20日。（中华民族伟大复兴的战略全局是国内大局，即要实现"两个一百年"奋斗目标；世界百年未有之大变局是国际大局，即新兴行为体的强势崛起引发了国际格局和国家关系的洗牌和重塑。）

④ 《立足两个大局 心怀"国之大者"（人民要论）》，人民网2021年6月4日。

⑤ 中共中央党史和文献研究院：《十九大以来重要文献选编》（中），中央文献出版社2021年版。

资源和环境之间的平衡发展①，在统筹"两个大局"中构建新发展格局，关键在于如何构建满足人民美好生活需要的现代化经济体系，如何形成畅通高效的国内国际经济双循环②。推进中国式现代化建设需要将马克思主义基本原理同中国具体的实际相结合，同中华优秀传统文化相结合，新时代构建新发展格局便是"两个结合"的成功典范。

作为理论创新的新发展格局首先体现中国式现代化的"时代性"，我国目前所进行的改革开放策略需要直面高水平的全球竞争，尤其是在"贸易摩擦、地缘政治、货币外交、增长换挡"等竞争新形态下，我国现代化建设如何处理好国内国际两个市场、两种资源的关系需要深入研究和科学判断；其次是中国式现代化的"科学性"，习近平总书记强调我国的现代化必须是具有中国特色、符合中国实际的，既不走封闭僵化的老路，也不走改旗易帜的邪路。基于科学社会主义先进性本质、中国特色社会主义实践的中国式现代化，将随着科学社会主义从初级阶段向更高阶段的升级而同步升级，对此，我们从价值判断与工具判断两个层次出发来拓展新发展格局构建的时代意义与深刻内涵，也就是说我们要坚持用科学的方法论来把握新发展格局与中国式现代化之间的深刻关系；另外，构建新发展格局也是我国开展政策试验与区域试验的必然要求，中国式现代化没有现存的经验可以借鉴，没有成熟的模式可以直接复制，我们党所从事的社会主义伟大事业是跟全体中国人民的切身利益保持一致的，不论是在哪个建设阶段，也不论是采取哪种发展模式，都要求在确保国家安全和人民群众利益安全的前提下进行，对此，我国自20世纪80年代开始的改革开放就是采用了"渐进式改革"的试验性逻辑来开展国家治理模式探索。正如德国学者

---

① 梁伟军：《中国式现代化道路的形成历程、实践特征及世界意义》，《武汉大学学报》哲学社会科学版2023年第3期。
② 《在统筹"两个大局"中构建新发展格局》，人民论坛网2021年2月7日。

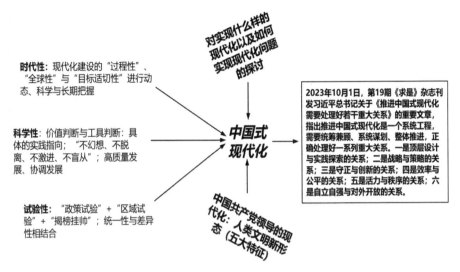

图3：新时代建设中国式现代化的特征图景

赛巴斯提安·赫尔曼通过持续关注中国的改革实践后，指出这种有远见的反复试验会成为中国今后发展的巨大优势，来自区域试验的"复制—推广"模式成为国家治理的重要路径。①

（三）全面深刻谋划高质量发展的实践必然

构建新发展格局是推进新时代高质量发展的实践要求。习近平总书记多次强调，推动经济发展质量变革、效率变革、动力变革。依托科技创新实施高质量发展，依托制度型开放实现高水平"双循环"新格局，依托绿色发展实现国家"双碳"目标世纪战略。高质量发展的实践聚焦"绿色发展、创新驱动、高水平开放"，而构建新发展格局始终贯穿上述三大实践全过程。

---

① Sebastian Heilmann and Melton，Oliver. "The Reinvention of Development Planning in China, 1993－2012," *Modern China*, 39, 6: 2013, 580－628.

绿色发展不仅是国内经济动能转换的内在要求，同时作为关键领域的国际规制问题（TPP/TTIP/RCEP/CPTPP等国际经贸规则协定都对绿色发展进行了专题规定），对我国的全球经济合作与高水平制度创新提出更高的挑战，包括绿色发展的制度体系、产业体系、支撑体系与机制体系的建设成为我国新发展格局构建的重要环节。深化对创新驱动发展的认识是走好中国特色社会主义道路的重要前提，随着世界经济不断科技化和数字化，创新驱动成为国家经济增长战略转型的重心。事实上，从相对发达国家的发展实践来看，创新驱动的根本还是建立在科技自立自强基础上，特别是近年来以美国为首的发达国家对中国实施科技封锁与技术断链，对我国社会经济的发展构成了严峻挑战，党中央审时度势提出"双循环"发展格局，尤其是强调关键技术环节不能受制于人，创新驱动也是高质量发展的关键手段与工具体系。高水平的开放体系要处理好国内市场与国际市场的双向互动关系，新发展格局要求实现"两大循环"的畅通与链接，全面构建制度型开放的机制体系与工具体系。高质量发展要求在发展过程中全面贯彻落地"创新、协调、绿色、开放、共享"五大理念，使构建新发展格局与推动高质量发展具有内在的逻辑一致性。

▼ 二　广东构建新发展格局有战略条件有特色

构建以"双循环"为特征的新发展格局，其本质特征总结起来就是"高质量发展+高水平开放+高能级创新"，全面贯彻广东省委"1310"部署①，面对百年变局机遇以及中华民族伟大复兴的战略新征程，广东不

---

① 2023年6月20日，中国共产党广东省第十三届委员会第三次全体会议在广州召开，提出"锚定一个目标，激活三大动力，奋力实现十大新突破"的"1310"部署。

能"躺在功劳簿上",在构建新发展格局战略上需要充分发挥广东的既定优势,要把始终走在全国前列作为各项工作的主基调一以贯之,再造新广东。

(一)习近平总书记高度关心广东工作

四十五年前,承载党中央科学决策的历史使命,致力于为国家探索一条发展社会主义先进生产力的发展路径,广东开启了敢为人先、波澜壮阔、披荆斩棘的深化改革与对外开放发展模式,积极解放思想与"杀出一条血路"成为广东模式的理论和精神内核。党的十八大以来,习近平总书记深刻研判两个大局(尤其是在面对涉华贸易战引发的系列发展困局时),对广东进一步高质量发展以及广东如何推动中国式现代化新征程寄予厚望。习近平任总书记以来先后四次在党和国家伟大事业的关键节点视察并指导广东工作,多次围绕"广东自贸试验区、粤港澳大湾区、区域协调发展、乡村振兴、深化改革"等关键主题作出指示批示,对如何做好广

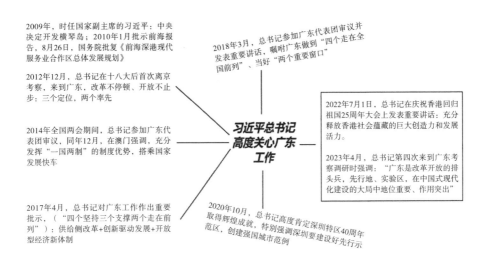

图4:习近平总书记对做好广东工作的系列指示批示

东工作以及持续巩固发挥广东战略主阵地优势作出系列重要指示，推动谋划广东高标准建设国家重大平台（例如重大科技基础设施布局）和实施国家重大战略安排（前海、横琴、南沙三个合作区方案的深化等）。

（二）广东构建发展新格局具备强大的经济基础

改革开放以来，广东率先发挥市场机制的资源配置作用，在充分利用好中央赋予的先行政策背景下，加快探索中国特色社会主义市场经济体制与机制体系，充分发挥毗邻港澳、面向东南亚的区位优势，率先打开国门搞建设，并通过与香港和澳门的率先合作取得了改革发展的突出优势[①]，区域国内生产总值持续快速增长（理论研究表明：广东过去的区域经济增长动力及原因主要与"全球产业转移与价值链分工、低成本的土地人力资

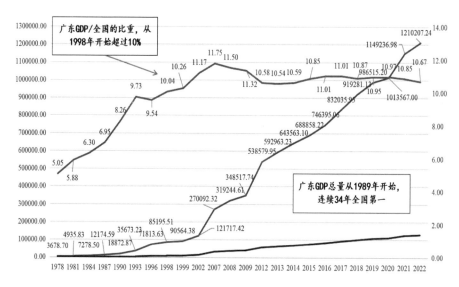

图5：过去45年广东GDP总量（1978—2022）及对全国占比的年度时序图

---

① 迟福林：《以制度型开放推进中国式现代化——广东的实践经验与探索创新》，《人民论坛》2023年第6期。

金等要素比较优势、构建外向型经济体系以及不断提升的内生性优势"等有关），从1998年开始，广东生产总值保持对全国超过10%的贡献度，从1989年开始连续34年排名全国第一，广东也因此成为全国经济发展的风向标。

广东同时是对外贸易大省，改革开放40多年来，广东在商品和要素流动型开放方面取得重大成就。数据显示，2022年广东外贸进出口总值达8.31万亿元，比2021年增长0.5%，再创历史新高，占全国进出口总值的19.8%，始终保持中国外贸第一大省的地位。与此同时，在制度型开放层面，粤港澳大湾区三地融合持续推进，规则对接与机制衔接不断升级，三地在跨境商业存在、专业人才跨境执业以及资本便利化跨境流动等领域开展了高质量的制度创新。

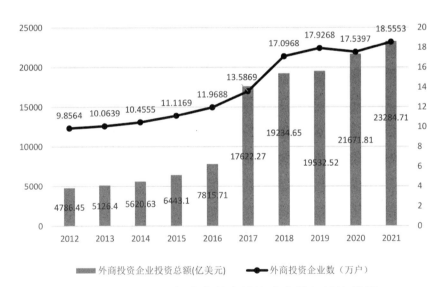

图6：2012—2021年广东外商投资企业数与投资总额

《广东统计年鉴2022》数据显示：过去十年，广东中小微企业数量由36428家增加至64765家，广东外商直接投资企业数由2012年98564户增加至2021年185553户，投资总额由4786.45亿美元增加至23284.71亿美元，外资企业成为引领广东经济高质量发展的重要驱动力。此外，2024年1月3日，广东省市场监管局发布数据显示[①]：广东全省经营主体总量突破1800万户（企业突破780万户+个体工商户突破1000万户），广东实现四个"全国第一"（经营主体总量全国第一、企业总量全国第一、外资企业总量全国第一、民营经济主体总量全国第一）与四个快速增长（新登记经营主体快速增长、农村经营主体快速增长、制造业企业快速增长、港澳投资企业快速增长），为广东经济应对挑战、抵御风险提供了底气和韧性，成为坚定不移推动高质量发展的重要力量。

表1：广东人口优势：老龄化综合指数变化情况（%）

类别	国际通常使用的人口老龄化判别标准	2010年		2020年	
		全国	广东	全国	广东
老年人口系数	>7	8.87	6.75	13.5	8.58
少年儿童人口系数	<30	16.6	16.89	17.95	18.85
老少比	>30	53.42	39.95	75.24	45.53
年龄中位数	30岁及以上	35.2	30.86	38.8	34.37
	常住人口	0-14岁	15-64岁	65岁以上	总抚养比
广东	12601.25	18.85%	72.57%	8.58%	37.80%
2021年全国	141,260.00	17.9%	68.6%	13.5%	45.77%

资料来源：广东省2010年、2022年人口普查资料，广东省统计局网站

广东天然就是国家战略的首选地、实验区和引领地，有基础、有场景、有特色。从短期来看，广东要发挥好经济发展与社会稳定压舱石作用，引导和形成向上向善的市场预期，为全国的经济复苏以及盘活各类市

[①] 数据资料来源：《勇夺"四个第一"，广东如何做到？》，《南方日报》2024年1月3日。2023年全省新登记经营主体316.1万户，同比增长25.4%，增速创近五年新高，比全国平均增速高至少10个百分点。新登记农民专业合作社0.8万户，同比增长102.5%，总量达到6万户，增速和数量均创历史新高。

场主体活力提供示范，另外，广东的长期优势在于服务和助力国家现代化进程及战略目标体系，提供具有引领性、普适性和前沿性的解决方案和风险应对预案。从全国纵向对比来看，广东每十万人拥有大专以上学历的人才数量排名全国第12位（与北京、上海等城市相比存在一定的差距），略高于全国平均水平，但是相比2010年增长迅速。从"少儿+老年"两类抚养比指标来看，2021年全省不论是人口老龄化系数还是总抚养比均低于全国。广东省人口年龄结构呈现"两头低，中间高"的特征。受到人口自然正增长和跨区域人口迁移的长期影响，广东省人口老龄化进程相对延缓，"少子化""老龄化"仍处于相对较低水平。

（三）广东构建发展新格局受到国家重大战略持续赋能

广东的多重国家战略叠加优势明显，改革开放以来党中央持续赋予广东建设国家重大平台和战略试验高地的时代使命（开展政策试验与压力测试），通过制度与政策优势双重赋能，推动广东率先探索中国特色社会主义先行示范区和中国式现代化区域改革新路径与新样本，实施开放倒逼改革的问题导向原则，全面深化供给侧结构性改革，全面践行新发展理念，贯彻落实高质量发展，持续推进产业转型升级与区域协调发展。

（1）广东自由贸易试验区战略

2015年国务院批复广东自由贸易试验区建设总体方案，广州南沙新区片区、深圳前海蛇口片区、珠海横琴新区片区三地共计116.2平方公里土地，开启了新一轮全面深化改革与高水平对外开放的制度创新实践，秉承"为国家试制度、为地方谋发展"的基本宗旨，承载国家高水平对标对表国际投资与贸易规则体系的压力测试，自贸试验区作为新时代改革创新的试验田，不仅发挥了走在前列的引领作用，更是直接用有限的国土面积创造了成绩斐然的社会经济价值。

数据显示，2022年广东自由贸易试验区进出口总值逾5350亿元，连续7年以贸易便利化、投资便利化、金融服务与开放创新等指标在自由贸易试验区制度创新指数排名中位居全国前列。"三大平台"所在城市不论是FDI（外商直接投资）的实际使用金额还是项目投资数量都实现稳中有升，制度创新推动外商投资锚定中国市场的效应明显。

（2）粤港澳大湾区战略（三大平台）

粤港澳三地自古以来就保持着紧密的合作关系，随着港澳相继回归祖国怀抱，历史上不同的发展阶段采取了不同的跨境合作模式（先后经历"三来一补""前店后厂""前店后仓"等典型模式），成为广东乃至全国对外开放的示范窗口。2019年2月中共中央、国务院发布《粤港澳大湾区发展规划纲要》，对粤港澳大湾区的发展战略、目标、重点内容及机制体系等作了整体规划。2022年6月6日，中共中央、国务院印发了《广州南沙深化面向世界的粤港澳全面合作总体方案》，加快推动广州南沙深化粤港澳全面合作，将广州南沙打造为立足湾区、协同港澳、面向世界的重大战略性平台（战略聚焦：建设科技创新产业合作基地、创建青年创业就业合作平台、共建高水平对外开放门户、打造规则衔接机制对接高地、建立高质量城市发展标杆）。2021年9月6日，中共中央、国务院印发了《全面深化前海深港现代服务业合作区改革开放方案》，致力于以制度创新为核心，在"一国两制"框架下先行先试，推进与港澳规则衔接、机制对接，丰富协同协调发展模式，打造粤港澳大湾区全面深化改革创新试验平台，建设高水平对外开放门户枢纽，不断构建国际合作和竞争新优势（战略聚焦：加快科技发展体制机制改革创新、打造国际一流营商环境、创新合作区治理模式、深化与港澳服务贸易自由化、扩大金融业对外开放、提升法律事务对外开放水平、高水平参与国际合作）。2021年9月5日，中共中央、国务院印发了《横琴粤澳深度合作区建设总体方案》，重点突出为澳

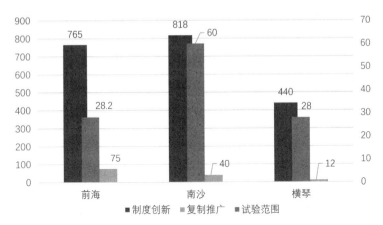

图7：广东自由贸易试验区制度创新与全国复制推广情况（2015—2022）
数据资料来源：作者根据中山大学《全国自由贸易试验区制度创新情报数据库》、
《中国（广东）自由贸易试验区发展"十四五"规划》以及过去7年对广州南沙、深圳
前海、珠海横琴片区持续开展实地调研采集的信息整理而得。

门长远发展注入重要动力，推动澳门长期繁荣稳定和融入国家发展大局，
深合区还历史首创了跨境行政管理双主任制度，持续探索两种制度融合背
景下的高效率跨境合作问题（战略聚焦：发展促进澳门经济适度多元的新
产业、建设便利澳门居民生活就业的新家园、构建与澳门一体化高水平开
放的新体系、健全粤澳共商共建共管共享的新体制）。

2023年12月，国家发改委正式对外发布《前海深港现代服务业合作区
总体发展规划》方案，重点打造全面深化改革创新试验平台、高水平对外
开放门户枢纽、深港深度融合发展引领区、现代服务业高质量发展高地。
目标体系明确：到2025年与港澳规则衔接、机制对接不断深化，市场一体
化进程显著推进，协同协调发展模式更加完善，青少年交往交流交融更为
紧密，对大湾区发展的新引擎作用日益彰显；到2030年与港澳规则深度衔
接、机制高度对接，深港服务贸易自由化深入推进，港澳居民学习、就
业、生活便利度大幅提升，引领带动粤港澳全面合作；到2035年高水平对
外开放体制机制更加完善，营商环境达到世界一流水平。另外《横琴粤澳

深度合作区总体发展规划》同期发布，到2024年澳门回归祖国25周年时，粤澳共商共建共管共享体制机制运作顺畅，合作区管理委员会、执行委员会管理决策执行效率不断提升，管理委员会成员单位对合作区的支持协同更加有力，广东省派出机构对合作区开发建设的配合更加高效；到2029年澳门回归祖国30周年时，合作区与澳门经济高度协同、规则深度衔接的制度体系全面确立，市场准入制度、社会保障体系等高效衔接。到2035年，"一国两制"优越性全面彰显，合作区经济实力和科技竞争力大幅提升，成为广珠澳科技创新走廊的有力增长极。

> **延伸阅读：** 粤港澳大湾区三大平台改革成效显著：
>
> （1）南沙平台：从经济规模总量看，过去5年，南沙区域经济总量持续增长。2022年，南沙实现地区生产总值2252.58亿元，同比增长4.2%，占全市比重为7.81%，经济发展迈上新台阶。从一二三产业构成看，2022年，第一产业生产总值为72.28亿元，占全区比重3.21%，第二产业生产总值为995.50亿元，占全区比重44.19%，第三产业生产总值为1184.81亿元，占全区比重52.60%，制造业占比稳定，服务业发展速度快，尤其是制造类服务业加速聚集，农业产业链附加值有待提升。构建营商环境多元主体共商共建共治长效机制。以健全组织领导、深化跟踪监测、强化前沿研究、共建营商氛围、建设重大平台为重要手段，标准化、规范化推进营商环境改革和建设。打造首个"无证明自贸区"。为深化"数字政府"改革，全面提升行政审批的透明度和可预期性，南沙自贸片区着力清理烦扰企业和群众的各种复杂证明，通过直接取消、数据查询、部门核验、告知承诺四种方式分类实施改革，不再需申请人自行提供，实现"无证明办理"。
>
> （2）前海平台：深圳市前海管理局日前召开的上半年经济形势分析会透露，2022年，前海合作区实现地区生产总值1948.68亿元、同比增长5.2%；实际使用外资58.64亿美元，占深圳53.5%、全省21%；实际使用港资56.08亿美元，增长3.4%，占深圳55.2%；前海综合保税区进出口总额2352亿元，单位面积产值全国第一。2023年上半年，前海合作区实现地区生产总值983.05亿元，同比增长15.8%。特别是在第一大行业营利性服务业方面，增长势头强劲，产值增长30.9%，高于GDP增速15.1个百分点。面向港澳人士推出专属人民币信用卡"前海湾区通卡"。搭建金融与知产案件"链上"速裁平台。立足区位优势和审判职能，推进大数据、人工智能、区块链等技术在审判工作中应用，前海法院开发并主动适用"至信"云审系统，融合多端主体协同工作，建立知识产权案件、金融案件的全流程线上"快立、快审、快结"的批量速裁方案，有效破解知产案件举证难、周期长、成本高和金融案件证据不易保存、分散复杂等难题，推动审判体系和审判能力现代化。前海的领先在于金融服务与开放创新，主要聚焦金融市场建设、金融产品创新能力、金融开放与规则对接以及系统性金融风险防控能力提升等领域。

（3）横琴平台：一是"1+1+1+N"政策体系加快建立。印发合作区建设实施方案，绘就合作区第一阶段发展目标行动指南。二是"分线管理"软硬件配套逐步成熟。"一线"横琴口岸二期创新实施客货车"联合一站式"查验模式，车辆验放时间大大缩短。构筑就业创业"新空间"。澳门居民在合作区执业更为便利，建筑、旅游、医疗等领域获跨境执业资格的专业人士增至1057名。粤澳职业技能"一试多证"专项合作正式落地，36名粤澳旅游服务从业人员经考核获两地认可职业技能证书。加大力度支持澳门青年在合作区创新创业，全年发放场地租金等补贴超1000万元，澳门青年创业谷等5个创业基地累计孵化澳门项目610个。粤澳合作主要聚焦市场主体跨境准入与准营便利，"互联网+跨境政务"模式创新，高端要素跨境流动自由以及税务领域的办事便利化等。

（3）中国特色社会主义先行示范区（深圳）

深圳发展的底层逻辑是中国特色社会主义事业的经验集成和精神集成，深圳特有的制度创新能力内生于中国特色社会主义制度体系。从当年的小渔村，到新时代国家战略的试验田、领跑区，深圳对持续深化改革与深度扩大开放的目标诉求和时代使命有着刻骨铭心的战略共识。2019年8月，中共中央、国务院印发《关于支持深圳建设中国特色社会主义先行示范区的意见》，从顶层设计上赋予深圳率先探索全面建成社会主义现代化强国新路径，实现中华民族伟大复兴中国梦的世纪战略；2020年7月，为贯彻落实党中央、国务院关于深圳先行示范区建设意见，精准聚焦科技创新支撑示范区高水平建设，科技部、深圳市人民政府联合印发《中国特色社会主义先行示范区科技创新行动方案》；2020年10月，中共中央办公厅、国务院办公厅印发了《深圳建设中国特色社会主义先行示范区综合改革试点实施方案（2020—2025年）》，旨在推动中央改革顶层设计与战略部署更好的落地实施，为深圳先行示范区创新的改革方式方法开展前沿性、差异化路径探索；2022年1月，国家发展改革委、商务部印发《关于深圳建设中国特色社会主义先行示范区放宽市场准入若干特别措施的意见》，作为专项实施意见，强调对准入门槛与行业限制的进一步放宽，尤其围绕打造高水平社会主义市场经济体制机制实施政策供给。

深圳先行示范区的建设之路本质上就是中国式现代化的探索之路，系统提升新时代广东的战略承载力和区域试验的科学性与能动性，瞄准新形势下推进中华民族伟大复兴的关键环节、关键问题、关键制度。深圳先行示范区的高质量推进和建设充分体现党的二十大报告关于"政府与市场关系问题"的科学论断，体现中国特色社会主义道路的基础性理论创新，坚持历史唯物主义和唯物辩证法方法论的统一，在专业市场建设与开放问题上聚焦前沿和敏感领域，致力于构建与现代化经济体系、产业模式、动态比较优势相适应的制度安排与政策供给逻辑。

▼ 三　切实发挥好广东在新发展格局中的支撑作用

明确目标定位是做好广东工作的前提。要在新形势下更加明确广东的战略承载，在新格局中塑造广东更加清晰的枢纽地位，在高质量发展征程中更加凸显广东的创新引擎功能。广东既是国家"双循环"战略主阵地，又承载着中国特色社会主义先行示范的重任，担当民族复兴大业主攻手、冲锋军责无旁贷。面对百年未有之大变局，要求广东切实发挥好在构建新发展格局中的关键作用，继续深耕国内国际两个市场，用好在岸离岸两类资源，抢抓国际产业链、价值链分工调整重大机遇。

（一）坚持以全面深化改革为引领

一是积极转变政府职能，推进市场监管现代化生态建设。第一，坚持打造数字赋能型智慧监管新格局。依托全国一体化在线监管平台或现有信息化系统建设市场监管综合监管业务支撑模块，借助信用监管、风险监管、分类监管、大数据监管、联合惩戒等手段，统筹推进业务融合、数据融合、技术融合；加快人工智能、物联感知、区块链等技术应用，积极开展以远程监管、移动监管、预警防控等为特征的非现场监管，提升市场监管综合监管智能化水平，实现事后治理向事前风险预警与防范转变。第二，更加强化市场监管法治化水平。从"硬法"为主向"硬软结合"转变。探索"软法"高效嵌入监管体系成为南沙市场监管改革的亮点，扩大包容性监管应用场景，集成"行政辅导、行政告诫、行政约谈"等柔性执法手段，突出行业自律与协会规范约束。第三，加强专业人才队伍建设，加快高水平市场监管专业智库和综合型研究机构建设，加强重大理论和实践问题战略研究、决策咨询，开展人才需求分析。完善专业服务机制，引入专家力量有针对性地提供专业指导，不断优化营商环境，拓宽沟通交流渠道，学习借鉴先进管理经验。第四，构建基于"事件链、责任链、方案链"融合监管的科学模式。推动以业务为纽带形成"部门合作链"，理顺市场监管事前事中事后逻辑与核心环节，推动以信息共享为核心形成"联合惩戒链"，推动以大质量监管为抓手构建"数据溯源链"，针对"食品、药品、工业消费品、化妆品、医疗器械、特种设备"等民生服务类行业形成"来源可追、去向可查"的闭环监管格局，切实做好消费维权与知识产权保护，坚守市场安全底线，守好民生计量主阵地。

二是优化营商环境，强化改革试验平台联动效应。第一，围绕广东自由贸易试验区与"粤港澳大湾区、前海横琴深度合作区、海南自由贸易港"等国家战略之间的联动性、协同性改革开展顶层设计，推动广东自由贸易试验区与广州、佛山、东莞、中山等地的改革创新高地建设，与广东自由贸易试验区联动创新区紧密互动，实现改革联动与政策延伸，充分发挥制度创新整体效能。第二，争取差异化事权下放，争取国家支持广东自由贸易试验区进一步围绕"国际经贸活动的支付便利化、本外币一体化账户、金融资产跨境交易平台建设、跨国企业外债管理、合资金融机构高管与股权比例限制，国际金融培训项目落地"①等领域扩大事权下放，争取中央、部委针对广东自由贸易试验区出现的政策新诉求、产业新现象进行差异化的综合授权，增强广东自由贸易试验区制度的创新能动性和改革的深层次性。第三，建立健全与广东深化改革相配套的法律法规、政策调整机制，做好与相关法律法规立改废释的衔接。加快推进广东战略高地的行政复议体制改革落实落地，推动扩大行政裁决领域实现突破，推动涉港澳跨境司法行政交流合作审批程序简化。完善多元化商事纠纷解决机制，围绕人员、资金、数据、技术等要素便利化流动探索跨境法律服务的供给机制。加强科技创新成果的知识产权保护，助推具有自主知识产权的科技创新研发与转化。第四，提升专业服务领域的政策获得感。提升政策与制度设计的实际获得感，使粤港澳三地居民、企业享受到更多融合发展便利。加大力度实施广东自由贸易试验区医疗协作压力测试，促进粤港澳大湾区优质医疗资源融合发展，提升家庭医护团队专业能力及服务水平的国际化水平。通过在内地设置港澳专门网点为居民和企业免费提供商事登记、涉税业务、社保业务等服务，为港人港企及澳人澳企创业、投资发展、工作提供更多便利，为大湾区城市群政务服务合作探索新路径。创新运用"信用+区块链"技术为企业减负，有效解决企业的痛点难点和诉求，进一步优化产业发展生态。

（二）坚持以高质量发展为核心

一是构建广东区域要素循环新系统新机制。第一，要深入推进广东城乡区域高质量高水平协调发展，重点解决"联动发展、产业布局、机制创新"三大问题，广东高质量发展要能够回答和解决当前产业发展与迁移

---

① 李善民：《中国自由贸易局试验区发展蓝皮书（2021—2022）》，中山大学出版社2022年版，第202—203页。

过程中存在的体制机制堵点等现实问题。第二，要持续创新广东绿色发展的体制机制，要在全国率先提出"绿色现代化战略"，深入推进绿美广东生态建设，构建"绿色产业化"以及"产业绿色化"发展新格局。对标国际市场游戏规则，联动港澳，稳步探索并实施"绿色资产交易所"计划，切实提高生态功能区城市群区域发展能力，把发展成果不断转化为生活品质，提升居民实际收入水平，增强人民群众政策获得感、生活幸福感、生命安全感。第三，要坚持"两个毫不动摇"，推动广东公有制经济与民营经济高质量协同发展，培育面向国际竞争的高水平市场经济环境，推动形成内外资一致的企业发展环境，坚守金融服务实体经济（尤其是制造业发展）底线，推动金融资源在"大中小企业"间均衡有效配置，构建基于区域比较优势的产业联动发展格局，提升广东欠发达地区的基本公共服务均等化水平。

二是构建金融支持高质量发展的体制机制。第一，持续以金融制度创新为核心。高质量发展离不开对金融制度创新方向与能级的顶层设计。强化金融领域的综合改革试点，扩大高水平金融服务业对外开放，力争形成更多可复制、可推广的经验，为全国金融业改革发展探索路径。重点面向"新产业、新需求、新环节"开展更加深层次的制度创新，聚焦知识产权交易和知识产权证券化、数字货币与应用场景设计、国际风险投资与财富管理中心、全球金融科技与研发中心，系统构建"类金融+"促进金融服务实体经济。第二，以金融业对外开放负面清单细则制定为抓手。自由贸易试验区金融开放政策体系需要以"负面清单"思维为底色，全面对接国际金融市场规则，重点围绕本外币账户一体化、人民币国际化、跨境金融要素安全有序流动、跨境金融数据资产保护与场景应用、境内资产跨境转让等领域落地清单实施细则，推动金融开放政策具有精准性与可操作性。第三，开创广东金融资源与产业集群便利化、精准化对接新局面。引导、支持和鼓励在粤金融机构围绕"双10"战略性产业集群开展科技金融、绿色金融、海洋金融、普惠金融、供应链金融等产品创新，鼓励加强重点产业集群长期信贷支持力度和资产证券化融资方案，探索产业引导基金投融资体制改革，扩大产业种子基金对社会资本的杠杆作用，释放技术创新向产业创新转化的强大动能。

三是有序提升广东的产业质量竞争力。第一，建设质量强省的关键是系统性提升广东产业质量的竞争力。从产业链供应链位势层面看，需要强化对未来产业以及支柱性传统产业的全面规划，改变过去"规模在内而利润在外"的不利位势，形成产业集群效应；从产业质量的技术创新层面看，要抓住数字化转型的战略窗口，高效率内化数字赋能的价值红利，要形成基础性科创成果的便利化场景应用与市场化转化机制。第二，广东不仅要在建设现代化产业体系方面走在全国前列，更要在形成具有全国示范效应的产业质量竞争力模式方面贡献"广东智慧"。重点围绕广东省"双10"产业战略开展产业集群规划，提升战略性产业集群的科创质量和抵抗产业风险的结构质量，强化对人工智能、区块链、量子科技、生命健康、生物育种等前沿性产业的政策引导与制度设计，优化提升广东贸易类产业链集群优势，培育具有国际引领能力的高质量产业链和创新链。第三，提升民营经济推进中国式现代化广东实践的战略定力势在必行。民营经济是广东全面深化改革的战略承载。民营经济往往直接影响市场预期、有效需求和宏观经济稳定，对国家政策体系的理解和把握程度决定了民营企业的理性决策，全面深化改革要力争实现对民营经济需求、痛点、堵点等关键环节的精准扶持和机制支撑，民营经济的市场主动性、产业能动性以及文化适应性决定了民营企业能否在激烈和复杂的市场竞争环境中赢得发展的主动。

（三）坚持以制度型开放为底座

一是推进跨境数据有序流动的规则衔接。跨境数据流动的压力测试是广东制度型开放的关键议题，推动数据有序流动的规则衔接需要做好以下机制创新：第一，完善数据确权等基础性法规政策。积极争取国家授权在广东自贸试验区率先进行法治领域的制度创新（尤其是差异化授权），聚焦数据跨境流动便利，服务数据驱动型产业发展和区域试验平台建设，科学精确开展数据流动与经济增长、产业发展、数字贸易之间的关联关系，围绕数据应用场景开展前瞻性政策设计。第二，要积极推动和完善数据分类分级标准。理论分析可知，实施数据分级分类，确保数据跨境流动安全是自贸试验港区开展数据流动测试的前提和基础，建议围绕重点行业、重点人群、重点产业链优先开展数据有序流动测试，借鉴欧美发达国家和地区的数据保护指令体系，在确保涉商业机制、个人隐私等敏感数据安全的前提下，强化数据保护的技术创新机制，结合我国自贸试验港区自身的优势和特色，探索数据出境管理规则体系。第三，系统提升广东高水平数字贸易服务能力。加强新形势下的新型数字基础设施建设，发挥我国5G通信的技术与场景优势，建设国际一流通信网络服务环境，提升数据传输质量与便利性，选取广东作为数据跨境试点，建立数据出境的企业和业务模式白名单，特别是引导企业构建完善的数据管理和数据安全制度体系，鼓励构建以龙头企业为核心的数据联合体，借助第三方机构实施数据跨境流动认证评估，联动国际权威大数据交易平台开展数据出境规则与业务合作。第四，以广东为试验田积极参与DEPA等国际高标准数字贸易规则体系的谈判，以广东自贸区、粤港澳大湾区三大平台为试验载体，开展具有前瞻性和针对性的数据流动与出境压力测试。特别是针对区域经济社会发展实际探索不同维度、不同等级的数据便利化出境路径，构建全周期数据出境安全审慎监管机制，数据贸易知识产权保护机制，数据贸易商事纠纷解决机制，重点强化对平台企业的数据安全、个人信息保护、行业反垄断等领域进行精确监督，落实数字贸易相关企业的主体责任，加强数据保护领域的国际合作。

二是推进广东自贸区风险防控机制的国际化。构建新发展格局的前提是做好制度型开放压力测试，切实防范各领域、各行业、各类型风险，尤其是敏感领域的系统性风险。第一，建设粤港澳大湾区不可制定超越发展阶段的"过度承诺"，防止落入非对称的"国际责任陷阱"。广东推进自贸港区建设一定要保持清醒的头脑，防止落入发达国家制定的"国际责任陷阱"，要根据经济社会发展的阶段性和实际情况，给予不同的国际承诺和目标实现体系。以生态环境保护为例，我国主动提出"3060"战略，体现出我国负责任大国的态度，并积极参与国际绿色战略和一致行动，对国内努力实现产业升级与动力转型，全面践行生态保护国际协议，但必须脚踏实地、以我为主，不能强调过度的国际责任和超越发展阶段的历史目标。第二，强化信息安全与数据跨境流动风险的国际合作。新时代以来，我国强调自贸区要扛起信息强国和数据要素制度型开放的责任，这是高水平对外开放的体现，也是我国进入开放发展新阶段的体现。强化与国际社会、国际组织在信息安全与数据安全领域的合作，要求广东自贸区以国家利益和国家发展为底线，制定具有系统性和长期性的合作规划，积极开展相关领域的国际对话、联合研发、标准体系建设，建立在技术自主自强基础上的谈判与合作，要科学识别风险的轻重缓急，隔离机制与制度体系，要在自贸港区完善信息安全相关法律政策，确保数据处理、存储和传输过程中遵循路径合规、行业合规与国际惯例，完善市场主体数据隐私法律供给，确保数据的私密性和完整性。第三，切实加强金融开放的风险防控体系建设。广东自贸区建设的背景是全方位探索还未完全开放的资本项目，构建便利化、自由化的资金跨境使用通道，要加强反洗钱、反恐怖融资和反逃税审查的国际合作，提高广东自贸区对标国际一流金融营商环境能力，保持对资本市场开放的信心和决心，积极对标国际资本市场游戏规则，强化压力测试。围绕金融市场的产品创新开展国际合作，加强对跨境资金交易的业务真实性、场景合规性审查，强化对异常和可疑资金跨境流动的风险监测与指数预警分析，牢固守住不发生系统性金融风险的底线。

三是向全球提出制度型开放的"广东方案"。制度型开放是中国式现代化的关键竞争力，深度融入全球化需要未雨绸缪开展系统性规制体系设计，制度型开放的"广东方案"正当其时。第一，提供数据管理和治理的"广东方案"。数字经济和数据治理能力现代化日益成为我国与西方发达经济体长时期竞争的"战略优势"，以广东为代表的自贸试验区要通过制度创新努力构建服务中国式现代化进程的高水平数字经济和数据治理能力，抢抓目前全球尚未形成数字贸易国际规则标准体系的时机，尤其是在数据的跨境流动、隐私保护、数字权限等方面还存在很大分歧的情况下，给出具有全球普惠性与国家适切性的治理方案。另外，高水平发挥试验田优势，抢抓国家参与DEPA谈判的关键窗口期，积极贡献地方方案，全力参与全球数字产业链供应链治理，主动探索基于数据驱动的创新体系和安全发展模式，在维护国家安全的底线上率先主动地开放数字市场空间，培育我国参与数字贸易规则制定的前沿优势和推动全球数字产业链发展的政策储备。第二，打造数字贸易全球合作与制度创新"策源地"。要在广东精准开展数字贸易新业态新模式的培育、孵化与提升规划，依托数字贸易带动我国传统贸易产业链价值链升级，实现服务贸易的数字化突围，充分发挥自贸区的政策先行优势，建设国家数字服务交易平台，积极争取国家数字经济发展前沿性、探索性权限配置，变数字贸易规模优势为规制优势，系统性服务《区域全面经济伙伴关系协定》（RCEP）和

"一带一路"建设，秉持人类命运共同体理念，全面探索和共建共享数字基础设施，共享数字贸易发展机遇，推动形成多边共治的数字贸易国际规则体系。第三，提供开放型营商环境优化的"广东方案"。围绕"金融资本跨境自由流动""外向型重大合作平台""外向型常态化交流机制设计""离岸科技创新机制"等前沿领域开展政策设计，聚焦高质量外资的稳定性与可持续性预期，跨境合作的便利性和自由化问题，高效发挥市场在资源配置中的决定性作用，确保境内外市场主体公平有序参与市场竞争、平等使用生产要素、有保障地参与市场分配。

第四章

着眼推进中国式现代化建设深刻认识总目标蕴含的新标高

一 以"五位一体"总体布局明确广东新标高

全面建成社会主义现代化强国是中国式现代化的总目标。中国式现代化是中国共产党领导的社会主义现代化,既有各国现代化的共同特征,更有基于自己国情的中国特色。中国式现代化是人口规模巨大的现代化,是全体人民共同富裕的现代化,是物质文明和精神文明相协调的现代化,是人与自然和谐共生的现代化,是走和平发展道路的现代化。中国式现代化的本质要求是:坚持中国共产党领导,坚持中国特色社会主义,实现高质量发展,发展全过程人民民主,丰富人民精神世界,实现全体人民共同富裕,促进人与自然和谐共生,推动构建人类命运共同体,创造人类文明新形态。

习近平总书记视察广东发表重要讲话强调,广东"在中国式现代化建设的大局中地位重要、作用突出",寄望广东在推进中国式现代化建设中走在前列。

立足"两个大局"、胸怀"国之大者",广东始终把改革发展和现代化建设置于国家大局之中,全面对标对表中国式现代化所蕴含的高标准、被寄予的高期待,在加快推进中国式现代化建设中引领探索、当好示范,推动中国式现代化跃升新境界、开创新局面。通过深入贯彻习近平总书记对广东系列重要讲话和重要指示批示精神,统筹推进"五位一体"总体布局,明确广东新标高。

(一)以富强作为广东经济现代化新标高

发展是党执政兴国的第一要务。广东在现代化建设的目标设定上,坚持社会主义初级阶段基本路线,以经济建设为中心,聚焦富民、强国日标，依托全国经济大省、开放大省、人口大省，有产业、人才、创新等多重优势，抓紧实施一批针对性、组合性、协同性强的政策措施，同时加强政策措施的储备，最大限度发挥政策综合效应，打好政策"组合拳"，推动经济高质量发展。

《中共广东省委 广东省人民政府关于新时代广东高质量发展的若干意见》指出，坚持以习近平新时代中国特色社会主义思想为指导，全面贯彻党的二十大精神，深入贯彻习近平总书记对广东系列重要讲话和重要指示精神，坚持稳中求进工作总基调，完整、准确、全面贯彻新发展理念，把高质量发展作为广东现代化建设的首要任务和总抓手，牢牢把握习近平总书记赋予广东的使命任务，以满足人民日益增长的美好生活需要为根本目的，坚持系统观念，更好统筹发展和安全，更好统筹质的有效提升和量的合理增长，全面深化改革开放，主动服务和融入新发展格局，不断塑造发展新动能新优势，扎实推进中国式现代化的广东实践，努力在高质量发展上走在前列、当好示范。到2027年，全省高质量发展实现新进步，自主创新能力明显提高，城乡区域发展协调性进一步增强，开放型经济发展水平持续提升，绿美广东生态建设取得积极进展，人民生活水平显著改善。到2035年，高质量发展实现更大成效，科技创新能力大幅跃升，城乡区域发展更加协调更加平衡，开放型经济新优势加快形成，美丽广东基本建成，共同富裕取得更为明显的实质性进展，为基本实现社会主义现代化提供有力支撑。

第一，坚持以粤港澳大湾区建设为"纲"，推进大湾区综合性国家科学中心建设，构建以广深港、广珠澳科技创新走廊为主轴，其他城市协同支撑的创新格局，努力建设世界级湾区、发展最好的湾区。

支持横琴发展促进澳门经济适度多元的新产业，健全粤澳共商共建共管共享的新体制，提升琴澳一体化发展水平；支持前海打造全面深化改革创新试验平台,联动构建更具国际竞争力的现代服务业体系,提升金融、法律等领域对外开放水平;支持南沙做深总体规划和城市设计,建设"精明增长、精致城区、岭南特色、田园风格、中国气派"的现代化都市,打造大湾区国际航运、金融和科技创新功能承载区。推进大湾区珠江口一体化高质量发展试点示范,引领打造环珠江口100公里"黄金内湾";支持广州强化综合城市功能,建设教育医疗中心、对外文化交流门户和国际性综合交通枢纽,开展国家服务业扩大开放综合试点,提升城市规划、建设、治理水平,实现老城市新活力和"四个出新出彩";支持深圳以加快建设全球领先的重要的先进制造业中心为抓手,打造更具全球影响力的经济中心城市和现代化国际大都市,建设好中国特色社会主义先行示范区,创建社会主义现代化强国的城市范例。持续有效扩大内需,加固高质量发展的基本盘。

第二,坚持以深化供给侧结构性改革为主线,推进制造强省建设,聚焦大产业、大平台、大项目、大企业、大环境,加快实现产业体系升级发展,在新的高度挺起广东现代化建设的产业"脊梁"。一是建设现代化产业集群。着力发展先进制造业,打造梯次型产业格局,争创国家先进制造业集群。推动20个战略性产业集群发展,重点加快发展集成电路、新能源汽车、新型储能、海洋牧场等产业,新增若干个万亿元级产业集群。二是打造高水平产业发展平台。加快建设一批引领型产业集聚区、支撑型产业园区和"万亩千亿"大平台,做大做强一批特色专业园区,强化承接产业转移平台载体建设,谋划推动大型出口加工产业区建设。三是培育世界一流企业群。建立优质企业梯度培育体系,深化"链主"企业、单项冠军企业、专精特新中小企业专项培育工程,巩固壮大一批行业领军企业,推动形成顶天立地的企业格局和良好生态。四是加强优质产业项目招引共建。树立大抓项目、抓大项目工作导向,支持粤东粤西粤北地区更好承接国内外特别是珠三角地区产业有序转移。加大面向百亿元级、百亿美元级大项目招商引资工作力度，加强以商引商、以链引商、以侨引商、联合招商，建立健全内外资一体化大招商工作机制。

第三，继续用好改革开放关键一招，全面落实乡村振兴战略和新型城镇化战略。一方面，大力推进改革创新，扩大高水平对外开放，打好外贸、外资、外包、外经、外智"五外联动"组合拳。稳住美欧等市场，拓展东南亚、南亚、非洲等市场，新打造一批万亿元级、千亿元级出口产业集群，加快建设大宗商品、电子元器件等六大进口基地，推进粤港澳大湾区全球贸易数字化领航区建设。办好粤港澳大湾区全球招商大会等活动，培育咨询设计、文化创意等高附加值服务外包产业。高质量参与共建"一带一路"，支持企业建设海外研发、生产、物流、展销及仓储基地。优化外国专家服务，做好新时代"侨"的文章，吸引外智来粤创新创业。深化广东自贸试验区制度创新，探索更加开放的贸易监管制度。用足用好《区域全面经济伙伴关系协定》（RCEP）等我国已签署的多双边自贸协定相关规则，推进一批重点开放试点。

另一方面，促进城乡区域协调发展，锻造高质量发展的潜力板。深入实施"百千万工程"，发展壮大县域经济。立足功能定位，引导各类县域差异化特色化发展。发展县域工业经济，扶持一批10亿元级企业、建设一批亿元级项目。培育发展农产品加工业、农业微生物产业、文旅康养、农村电商等优势特色产业与新业态；构建现代乡村产业体系，发展高效设施农业，壮大岭南特色农业产业集群。发展农产品加工、保鲜储藏、运输销售等，延长农产品产业链，促进农村一二三产业融合发展；创新区域帮扶协作机制，实现对口帮扶协作在粤东粤西粤北地市全覆盖、新型帮扶协作机制在粤东粤西粤北各县（市）全覆盖。深入开展"千企帮千镇、万企兴万村"行动。加强陆海统筹，一体谋划海洋和陆地资源开发、产业布局、生态环境保护。推动老区苏区、民族地区和省际边界欠发达地区振兴发展。加强与周边省份国家重大战略平台对接联通和交流合作。

（二）以民主作为广东政治现代化新标高

广东省锚定习近平总书记赋予的"在推进中国式现代化建设中走在前列"总目标，着力激活改革、开放、创新三大动力，奋力实现十大新突破，推动省委"1310"具体部署落地落实。广东省紧扣推进中国式现代化广东实践工作大局，坚持把民主任务与中心工作同部署、同推进，把社会各界的真知灼见转化为解决问题、制定政策、推动工作的务实举措。比如，统筹抓好新阶段粤港澳大湾区建设、坚持制造业当家、一体推进教育强省科技创新强省人才强省建设、深入实施"百千万工程"、全面推进海洋强省建设、深入推进绿美广东生态建设、扎实推进文化强省建设、推动共同富裕、推进法治广东平安广东建设等。其中，由广东省政府办理的提案数量连续多年居全国省级政府首位。截至目前，由广东省负责主办答复的73件提案，所提意见建议已经解决或采纳的A类答复意见共56件，占76.7%、占比稳步提高；列入计划拟解决或采纳的B类答复意见共9件，约占12.3%；用作参考的C类答复意见共8件，约占11%。①

人民是历史的创造者，是决定党和国家前途命运的根本力量。充分保障人民平等参与、平等发展权利，建设法治国家、法治政府、法治社会，实现国家治理体系和治理能力现代化，是中国共产党人的不懈追求。广东省坚持以习近平新时代中国特色社会主义思想为指导，全面贯彻落实党的二十大精神和习近平总书记视察广东重要讲话、重要指示精神，聚焦中国式现代化建设的重点领域，与国之大者"同向"，与时代发展"同行"，

---

① 《以高质量提案办理工作助推全省高质量发展》，广东省人民政府门户网站2023年12月28日。

与中心工作"同频",与人民群众"同心"。

一是政治引领、示范带动,全链条组织领导落地落实。坚持以习近平新时代中国特色社会主义思想凝心铸魂,一体学习贯彻习近平总书记关于加强和改进全过程人民民主工作的重要思想,把党的领导贯穿提案办理工作始终。二是统筹协调、建章立制,全周期闭环管理提质提效。坚持把制度建设贯穿议案分办、统筹办理、规范答复、结果公开、总结评价全周期,不断提升民主程序的规范办理水平。三是拓展渠道、共商共办,打造"广东民主协商品牌"。严格执行100%沟通协商要求,不断丰富协商内容、协商形式、协商平台。坚持"提、办、督、评"各环节沟通协商,强化办前、办中、办后对接交流,推动由"文来文往"转变为更加注重"人来人往",由"有来有往"转变为"常来常往"。四是注重调查研究、精准破题,推动解决实际问题见行见效。认真贯彻中央关于大兴调查研究的决策部署,把深入开展调研作为办好提案的重要前提,督促指导各承办单位下基层、走一线,围绕问题和诉求,实地调研、交流座谈、解剖麻雀,找准痛点堵点难点,自觉问计于民、问需于民,制定针对性政策举措,推动解决有关问题。

(三)以和谐作为广东社会现代化新标高

中国式现代化进程中,建成了世界上规模最大的教育体系、社会保障体系、医疗卫生体系,人民群众的获得感、幸福感、安全感充分展现。如何使广东"在营造共建共治共享社会治理格局上走在全国前列",让发展成果更多更公平惠及全省人民群众,实现社会和谐的广东现代化新标高?在于坚持以人民为中心的发展思想,强化民生保障服务,共享高质量发展的成果;在于实施"民生十大工程",积极探索共同富裕有效路径,破解当前城乡社区治理瓶颈问题;在于深化村(居)民自治实践,广泛实行群众自我管理、自我服务、自我教育、自我监督，积极引导社会力量参与，激发社区活力；在于不断满足村（居）民服务需求的创新举措，结合实际，健全充满活力的基层群众自治制度；在于不断提升城乡社区治理水平。结合《广东省推进民政领域基层社会治理体系和治理能力现代化的若干措施》与《中共广东省委　广东省人民政府关于新时代广东高质量发展的若干意见》，广东社会现代化已从五个方面寻求突破口，树立新标高。

一是突出机制建立。深入贯彻落实习近平总书记对民政工作的重要指示精神，进一步丰富"三社（社区、社会组织、社会工作）联动"的内涵，着力构建民政领域"一核四社（以党建为引领、城乡社区为载体、社区社会组织为纽带、社区工作者和社会工作人才为骨干、基本民生保障和基本社会服务为主要内容）"城乡社区治理工作机制。

二是突出党对基层社会治理的领导建设。加强基层党组织对基层群众性自治组织、社区社会组织和基层民政各方面力量的全面领导，注重从基层群众自治制度、社区社会组织分类管理、推动修订《地名管理条例》等方面完善各项工作体系的建设。构建以村（社区）党组织书记为带头人、社区工作者和社会工作者为主体、社区社会组织和志愿者广泛参与的基层民政工作者队伍。

三是突出制度创新。将创新经验在全省推广应用，如在全省推广"民主协商、一事一议"的村（居）民协商自治模式、推广社会工作"双百计划"经验，强化社工站（点）服务平台建设，推广在婚姻登记机关设立婚姻家庭辅导室，建立社区社会组织党建工作由乡镇（街道）、村（社区）属地管理工作机制等，推动提升全省基层社会治理水平。

四是突出构建优质均衡的公共服务体系。聚焦就业、教育、医疗、养老等重点领域，健全为民办事长效机制，提高基本公共服务保障能力。完善重点群体就业支持体系和终身职业技能培训制度，实施产业技能根基工程，促进高质量充分就业。推动基础教育强基创优、职业教育提质培优，引导规范民办教育健康发展，促进教育公平与质量提升。推进优质医疗资源扩容提质和均衡发展，构建强大的公共卫生和医疗服务体系，建设高水平健康广东。广泛开展全民健身活动，构建更高水平全民健身公共服务体系。提升"一老一小"服务能力，树立全龄友好理念。规范发展社区社会组织，发挥社会工作者专业优势，以完善社会救助、养老、婚姻、殡葬、区划地名等服务为抓手，提高基层民政服务水平，打通服务群众"最后一米"。

五是突出深化收入分配制度改革。持续优化初次分配格局，健全劳动者工资决定、合理增长和支付保障机制，提高劳动报酬在初次分配中的比重，开展扩大中等收入群体行动。深入实施全民参保计划，稳步提高统筹层次和待遇水平，推动社会保障从"制度全覆盖"转向"人群全覆盖"。规范发展第三支柱养老保险，完善多层次的养老保险体系、医疗保障体系和分层分类的社会救助体系。健全转移支付机制，大力发展公益慈善。

表2：广东省"民生十大工程"五年行动计划目标表

领域	序号	指标	2022年（基准值）	2023年	2024年	2025年	2026年	2027年	属性
就业领域民生工程	1	城镇新增就业人数（万人）	132	110	110	110	110	110	预期性
	2	城镇调查失业率（%）	5.3	5.5以内	5.5左右	5.5左右	5.5左右	5.5左右	预期性
教育领域民生工程	3	公办在园幼儿占比（%）	46	>46	>47	>50	>50	>50	约束性
	4	义务教育公办学位比例（%）	96.73	>95	>95	>95	>95	>95	约束性
	5	高中阶段教育毛入学率（%）	>95	>95	>95	>95	>95	>95	约束性

（续表）

领域	序号	指标	2022年（基准值）	2023年	2024年	2025年	2026年	2027年	属性
医疗领域民生工程	6	县域内住院率达到85%的县（市）占比（%）	28	30	35	40	45	50	预期性
	7	达到三级医院医疗服务能力水平的县级公立医院数（个）	46	50	60	70	80	100	预期性
	8	基层医疗卫生机构诊疗量（亿人次）	3.74	3.88	4.03	4.18	4.34	4.5	预期性
住房领域民生工程	9	五年新增累计筹集建设保障性安居工程住房（万套、间、户）	–	25.4	43.8	62.2	69.6	77	预期性
养老领域民生工程	10	乡镇（街道）综合养老服务中心覆盖率（%）	≥35	≥40	≥50	≥60	≥62	≥65	预期性
	11	特殊困难老年人家庭适老化改造累计数（万户）	≥2.3	≥4.5	≥6.7	≥8.6	≥10.3	≥12	预期性
	12	养老机构护理型床位占比（%）	≥50	≥52	≥53	≥55	≥57	≥60	约束性
育儿领域民生工程	13	孕产妇系统管理率（%）	≥90	≥90	≥90	≥90	≥90	≥90	预期性
	14	每千人口拥有3岁以下婴幼儿托位数（个）	2.36	3.9	4.7	5.5	5.5	5.5	预期性
	15	3岁以下儿童系统管理率和7岁以下儿童健康管理率（%）	≥90	≥90	≥90	≥90	≥90	≥90	预期性

（续表）

领域	序号	指标	2022年（基准值）	2023年	2024年	2025年	2026年	2027年	属性
交通领域民生工程	16	新增县道及通行政村、省级产业园区、3A级景区公路等重要节点公路升级改造（公里）	–	5139	5289	3589	2844	2844	预期性
	17	新增改造农村公路危旧桥梁（座）	–	288	260	240	172	240	预期性
	18	新增实施农村公路安全提升工程（公里）	–	3539	3539	922	1500	2500	预期性
食品安全领域民生工程	19	千人食品检验量（批次）	6.3	≥6.3	≥6.4	≥6.5	≥6.6	≥6.7	约束性
	20	食品评价性抽检合格率（%）	98	≥98	≥98	≥98.5	≥98.5	≥98.5	预期性
消费者权益保护领域民生工程	21	全省12345平台消费维权投诉按时办结率（%）	99.5	≥98	≥98	≥98	≥98	≥98	预期性
平安领域民生工程	22	八类刑事案件、每十万人命案发案数	逐年下降						预期性
	23	群众安全感	保持高位						预期性

备注：1. 由于2020—2022年县域内住院率不具有可比性，县域内住院率达到85%的县（市）占比以2019年数据为基准值。

2. 达到三级医院医疗服务能力水平是指达到"县医院医疗服务能力评估"的推荐标准。

3. 新增累计筹集建设保障性安居工程住房，包括：保障性租赁住房、公租房、实施发放租赁补贴（即每年享受租赁补贴的家庭户数合计）。

4. 八类刑事案件是指放火、爆炸、劫持、杀人、伤害、强奸、绑架、抢劫。

（四）以文明作为广东文化现代化新标高

中国式现代化是一种全新的人类文明形态。建设中华民族现代文明，既是推进中国式现代化的内在要求，也将为用中国道理总结好中国经验，把中国经验提升为中国理论，向世界展现中国式现代化的特色魅力提供有力支撑。文化自信是一个国家、一个民族发展中更基本、更深沉、更持久的力量。我们党始终注重不断提升社会文明程度，增强国家文化软实力，扩大中华文化影响力。党的十八大以来，党加强了对意识形态工作的领导，全面推进党的理论创新，进一步巩固马克思主义在意识形态领域的指导地位，中国特色社会主义和中国梦深入人心，社会主义核心价值观和中华优秀传统文化广泛弘扬，群众性精神文明创建活动扎实开展。公共文化服务水平不断提高，文艺创作持续繁荣，文化事业和文化产业蓬勃发展，互联网建设管理运用不断完善，全民健身和竞技体育全面发展，国家文化软实力和中华文化影响力大幅提升，全党全社会思想上的团结统一更加巩固。

新时代下，建设富强文明的社会主义现代化强国，必须坚持马克思主义，牢固树立共产主义远大理想和中国特色社会主义共同理想，不断增强意识形态领域的主导权和话语权，使全体人民在理想信念、价值理念、道德观念上紧紧团结在一起；必须坚持中国特色社会主义文化发展道路，激发全民族文化创新创造活力，建设社会主义文化强国；必须坚守中华文化立场，推动中华优秀传统文化创造性转化、创新性发展，继承革命文化，发展社会主义先进文化，推动社会主义物质文明和精神文明协调发展；必须坚持以培养担当民族复兴大任的时代新人为着眼点，培育和践行社会主义核心价值观；必须加强思想道德建设，不断提高人民思想觉悟、道德水准、文明素养，提高全社会文明程度；必须坚持以人民为中心的创作导向，在深入生活、扎根人民中进行无愧于时代的文艺创造，繁荣发展社会主义文艺，造就一大批德艺双馨名家大师，培育一大批高水平创作人才；必须加快构建把社会效益放在首位、社会效益和经济效益相统一的体制机制，完善公共文化服务体系，深入实施文化惠民工程，提高国家文化软实力。

广东省依据"走在前列"总目标蕴含的新标高，从切实担负起新时代新的文化使命出发，坚持运用好"两个结合"的法宝，以广东生动实践为建设中华民族现代文明作出新贡献。换言之，广东地处"两个前沿"，是"两个重要窗口"，既有深厚的中华优秀传统文化和特色岭南文化底蕴，又在近代以来积淀了勇立潮头、敢为人先的创造精神。要牢牢把握"两个结合"根本要求，进一步增强文化自觉、坚定文化自信，持续推动中华优秀传统文化创造性转化、创新性发展，不断探索面向未来的理论和制度创新，为实现强国建设、民族复兴的宏伟目标积淀更深沉的力量。比如，增加高品质精神文化供给。加强革命遗址、文物和文化遗产保护利用，实施早期岭南探源工程和岭南文化"双创"工程。扶持文艺精品创作，培育一批德艺双馨的文学艺术名家大师，推出更多具有全国影响力的精品力作。积极培育文化龙头企业，加快发展新型文化企业、文化业态、文化消费模式，建设文化创意新高地。推进文化和旅游深度融合发展，加快打造粤港澳大湾区世界级旅游目的地。

（五）以美丽作为广东生态现代化新标高

人与自然是生命共同体，人类必须尊重自然、顺应自然、保护自然。人与自然和谐共生的中国式现代化是社会经济绿色转型、低碳发展，产业结构不断优化，资源环境要素持续健全，生产方式和生活方式同步加速绿色转型的现代化。新时代下，建设美丽的社会主义现代化强国，必须树立和践行绿水青山就是金山银山的理念，坚持节约资源和保护环境的基本国策，像对待生命一样对待生态环境，统筹山水林田湖草系统治理，实行最严格的生态环境保护制度，形成绿色发展方式和生活方式，坚定走生产发展、生活富裕、生态良好的文明发展道路，建设美丽中国，为人民创造良好生产生活环境，为全球生态安全作出贡献；必须坚持节约优先、保护优先、自然恢复为主的方针，形成节约资源和保护环境的空间格局、产业结构、生产方式、生活方式，还自然以宁静、和谐、美丽；必须加快建立绿色生产和消费的法律制度和政策导向，建立健全绿色低碳循环发展的经济体系，推进绿色发展；必须坚持全民共治、源头防治，加快污染防治，着力解决突出环境问题；必须实施重要生态系统保护和修复重大工程，优化生态安全屏障体系，加大生态系统保护力度，提升生态系统质量和稳定性；必须牢固树立社会主义生态文明观，改革生态环境监管体制，构建国土空间开发保护制度，完善生态环境管理制度，加强对生态文明建设的总体设计和组织领导，推动形成人与自然和谐发展的现代化建设新格局。

建设绿色美丽广东，要坚持以习近平生态文明思想为引领，遵循"绿色发展"的实践原则，全面促进广东经济社会发展实现绿色转型，擦亮高质量发展的生态底色。依据《中共广东省委关于深入推进绿美广东生态建设的决定》，目标任务是到2027年底，全省完成林分优化提升1000万亩、森林抚育提升1000万亩，森林结构明显改善，森林质量持续提高，生物多样性得到有效保护，城乡绿美环境显著优化，绿色惠民利民成效更加凸显，全域建成国家森林城市，率先建成国家公园、国家植物园"双园"之省，绿美广东生态建设取得积极进展。到2035年，全省完成林分优化提升1500万亩、森林抚育提升3000万亩，混交林比例达到60%，森林结构更加优化，森林单位面积蓄积量大幅度提高，森林生态系统多样性、稳定性、持续性显著增强，多树种、多层次、多色彩的森林植被成为南粤秀美山川的鲜明底色，天蓝、地绿、水清、景美的生态画卷成为广东亮丽名片，绿美生态成为普惠的民生福祉，建成人与自然和谐共生的绿美广东样板。

一是建立健全绿色低碳循环发展经济体系。马克思指出："一定的生产决定一定的消费、分配、交换和这些不同要素相互间的一定关系。"①构建绿色低碳循环发展经济体系，就要完善支持绿色发展的财税、金融、投资、价格政策和标准体系，发展绿色低碳产业，健全资源环境要素市场化配置体系，实现经济发展、生态保护和社会效益的优化并重。这样，通过源头、过程和产出的全周期绿色低碳循环，就能实现经济社会高质量发展下的全面绿色转型。通过高水平环境保护，也能不断塑造发展的新动能、新优势，有效降低发展的资源环境代价，持续增强发展的潜力和后劲。广东省以"三区三线"划定成果为基础，编制实施国土空间规划，优化绿美广东空间布局。加强林分优化、林相改善，整体推进城乡绿化美化，持续优化生态廊道、绿道、碧道、古驿道，打造一批森林城市、森林城镇、森林乡村。就山水林田湖草沙一体化保护和系统治理，扎实推进南岭、丹霞山国家公园创建，高标准建设华南国家植物园、深圳国际红树林中心。建立健全生态产品价值实现机制，开展生态系统生产总值（GEP）核算试点、生态综合补偿试点。

二是构建清洁低碳、安全高效的能源体系。能源问题是关系国民经济发展的关键问题，能源革命是推动社会发展进步的动力和基石。推动能源清洁低碳安全高效利用是加快推动绿色低碳发展的重要途径。要推动绿色发展，就要重点控制石化能源消费，推进工业、建筑、交通等领域清洁低碳转型，进一步加强煤炭清洁高效利用。当前，广东深入推进工业、建筑、交通等领域绿色低碳转型。通过构建清洁低碳安全高效的能源体系，

① 《马克思恩格斯文集》第8卷，人民出版社2009年版，第23页。

加快构建新型电力系统，大力发展海上风电、光伏发电等清洁能源，积极安全有序发展核电，加快构建新型能源体系和新型电力系统。制定绿色低碳产业引导目录，布局发展一批低碳零碳负碳新材料、新技术、新装备等产业项目，加快绿色科技成果转化应用。进一步推动能源供给侧全面脱碳，推进能源产供储销结构进一步优化，保障能源安全，推动全省能源事业高质量发展、推进绿美广东生态建设。

三是倡导绿色低碳生活方式。马克思主义认为，社会化的人能够以最小的消耗，在最无愧于和最适合于人类本性的条件下，进行人和自然之间的物质变换，提出了解决人与自然物质变换问题的思路，即加强对人本身的控制，来实现人、社会、自然三者之间的和谐共生。绿色低碳生活方式是简约适度、文明健康的现代生活方式。不断强化人民群众的生态环保意识，引导公民践行生态保护责任，形成崇尚绿色生活的社会氛围，是推进人与自然和谐共生中国式现代化的内在要求，对实现"双碳"目标具有重要意义。建设绿美广东，就要大力倡导绿色低碳生活方式，培育绿色消费理念，构建生态环保全民行动体系，让绿色成为人民美好生活的鲜明底色。

四是深入打好污染防治攻坚战。坚持精准治污、科学治污、依法治污，持续深入打好蓝天、碧水、净土保卫战。实施新一轮污染物协同减排。聚焦臭氧、江河支流和城市河涌、近岸海域、农村面源等方面，坚决打好污染治理标志性战役。实施环境基础设施补短板强弱项工程，推进城乡人居环境整治提升。完善生态环境污染源头预防、过程控制、损害赔偿、责任追究的全过程治理机制，健全生态环境保护督察工作机制，全面实行排污许可制，推动构建现代环境治理体系。

▼二 在"抓重点、扬优势、补短板、强弱项"中锚定广东新标高

（一）聚焦经济高质量发展，推进国内国际双循环

党的十八大以来，面对严峻复杂的国际环境和艰巨繁重的改革发展任务，广东坚持以开放促改革、促发展、促创新，持续推进更高水平的对外开放。十多年来，广东经济总量不断提升，结构不断优化，开放平台建设与业态创新取得新突破。外贸、消费、外资三大商务指标创历史新高，商务高质量发展迈上新台阶，连接国内国际双循环重要枢纽的作用凸显。当前，立足新发展阶段、贯彻新发展理念，围绕新发展格局战略支点，深入推进实施贸易高质量发展十大工程（详见表3），进一步打通内外贸、畅通双循环，为实现更高水平开放和更高质量发展贡献力量。

跨境电商、市场采购等外贸新业态，已成为外贸发展的新动能、转型升级的新渠道和经济高质量发展的新抓手。2022年世界跨境电商大会发布的《2021年度中国跨境电商城市发展报告》显示，广州、深圳、东莞位列中国城市跨境电商发展第一梯队。2022年2月，韶关、汕尾等8个地市入选国家跨境电商综试区，广东实现21个地级以上市综试区的全覆盖，数量位居全国第一。

2022年，国务院办公厅印发的《国务院办公厅关于促进内外贸一体化发展的意见》（以下简称《意见》）指出，我国内外贸一体化"也存在调控体系不够完善，统筹利用两个市场、两种资源的能力不够强，内外贸融合发展不够顺畅等问题，还不能完全适应构建新发展格局的需要"。为此，《意见》就促进内外贸一体化，形成强大国内市场，畅通国内国际双循环作出部署，要求提升市场主体内外贸一体化经营能力，激发内生发展

动力。开展内外贸一体化试点，是其中重要的措施之一。

广东培育一批内外贸一体化经营企业，打造一批内外贸融合发展平台，形成一批具有国际竞争力、融合发展的产业集群，建立健全促进内外贸一体化发展体制机制。2023年1月11日，商务部官网发布《商务部等14部门关于开展内外贸一体化试点的通知》（以下简称《通知》），广东等9个地区入选内外贸一体化试点地区。作为外贸第一大省、消费第一大省，广东有着推动内外贸一体化的深厚基础。

广东牢牢把握扩大内需战略基点，积极促进内外贸优势相互转化，努力打通制约经济循环的关键堵点。广州率先获批培育建设国际消费中心城市，深圳努力打造湾区顶级消费新地标，积极创建国际消费中心城市；珠海、佛山、东莞作为粤港澳大湾区消费重要增长极，湛江、汕头作为省域副中心城市，韶关作为北部生态区节点城市，加快建设区域消费中心城市，努力推动消费提质扩容，扛起消费高阶发展重任。当前，广东以实施粤港澳大湾区国际消费枢纽工程为抓手，初步构建"1+1+6"消费中心城市的格局，引领带动全省消费提质扩容。最终消费支出在地区生产总值中的比重稳定在五成左右，社会消费品零售总额突破4万亿元，2021年达4.4万亿元，年均增长8.1%，连续36年位居全国第一。

广东主动对标高标准国际经贸规则，将广东自贸试验区系统推进改革创新，广东自贸试验区成为吸引外资的"引力场"和更高水平思维的"强磁场"。在湛江，总投资百亿欧元的巴斯夫（广东）一体化基地首套装置正式投产；在惠州，总投资百亿美元的埃克森美孚惠州乙烯一期项目220千伏变电站及配套至中区站220千伏线路工程EPC项目，正式开工。在深圳，瑞士ABB集团旗下电动交通中国总部、西门子（深圳）磁共振有限公司博士后创新实践基地、飞利浦深圳创新中心等一批世界500强企业及项目陆续落地；在广州，LG、卡尔蔡司、阿斯利康、松下、3M、默克等重大跨国企业均在近年新设项目或新增产线,大项目引资扩流成效显著。

十多年来,广东实际利用外资累计1.3万亿元,高技术制造业与高技术服务业实际使用外资持续"双增长",引资结构更加优化。

表3:广东贸易高质量发展十大工程

名称	目标	路径
数字贸易工程	探索建设国家数字贸易先行示范区,加快货物贸易和服务贸易数字化改造。	创建国家数字贸易先行示范区,以广州、深圳为主引擎实施一批数字贸易先行先试举措,到2025年数字贸易年均增速达15%。
贸易新业态工程	大力发展跨境电商、市场采购贸易、离岸贸易、转口贸易,推动贸易新业态规模实现五年倍增。	实行市场采购贸易方式试点,到2025年市场采购贸易出口额超5000亿元。实行离岸贸易结算试点,建立离岸贸易企业白名单制度,支持符合条件的企业依托自由贸易账户(FT)开展业务。
"粤贸全球"品牌工程	提出"粤贸全球""粤贸全国"两个相互促进的系列抓手。	"粤贸全球"每年举办线上线下展会超100场,到2025年累计引导外贸企业参展超1万家次,开拓东盟、非洲、俄罗斯、日本、英国等主要市场。 "粤贸全国"每年组织企业参加国内线上线下重点经贸活动100场,到2025年累计带动企业推广营销超1万家次,进一步完善国内营销网络。
展会提升工程	提升广交会能级,推动高交会等向全球区域性高端展会升级。	推进广交会四期展馆工程,增加展览面积12万平方米、会议中心面积约4万平方米。推动高交会、加博会、中博会、文博会、海丝博览会、海洋经济博览会等10个以上展会向全球区域性高端展会升级。到2025年全省展览面积达2800万平方米,10万平方米以上展会数量达45个。
重大贸易平台工程	办好广州南沙进口贸易促进创新示范区,推动外贸转型升级基地、海关特殊监管区域、经济开发区创新发展。	到2025年,广州南沙进口贸易促进创新示范区进口规模达2000亿元。到2025年国家级外贸转型升级基地达45家。新设和转型综合保税区4—5家,海关特殊监管区域进出口额达1万亿元。新设国家级经济技术开发区3家以上,省级以上经济开发区进出口额达1万亿元。
产业链招商工程	面向内外资实施全产业链招商。	围绕20个战略性产业集群,编制产业招商地图,成立产业链招商联盟,建立产业数据库和目标企业清单。健全联系跨国公司直通车制度,搭建省市联动招商网络,建立招商引资督办机制。

（续表）

名称	目标	路径
贸易龙头企业工程	招引培育一批跨国公司总部，壮大一批全球供应链贸易商，培育一批具有世界一流制造能力的加工贸易及代工制造龙头企业。	每年新增境外跨国公司地区总部10家以上。到2025年培育掌握世界一流制造能力的加工贸易龙头企业15家左右、现代商贸流通领军企业20家。
粤港澳大湾区国际消费枢纽工程	支持广州、深圳建设国际消费中心城市，布局若干区域消费中心城市。	打造一批具有较强国际影响力的步行街、新型消费商圈，吸引国内外知名品牌新品首发。争取设立市内免税店，扩大国际教育、国际医疗服务供给。支持有条件的地市建设休闲旅游岛、历史文化街等特色商圈。
通关便利化改革工程	开展跨境贸易便利化专项行动，进一步推进口岸提效降费。	做好广州、深圳世行评估参评和全省试评价工作，推动广州、深圳跨境便利化指标走在全国前列。加快国际贸易"单一窗口"建设。推动口岸"一站式阳光价格"。
贸易金融创新工程	扩大贸易融资规模，开展贸易金融试点和打造贸易金融平台。	扩大金融机构支持广东外贸融资规模，扩大出口信用保险覆盖面，创新金融衍生品帮助企业对冲汇率风险。推动完善自由贸易（FT）账户功能，探索境内信贷资产对外转让等试点建设。推广跨境金融区块链服务平台，支持供应链金融创新平台发展。

（二）以"再造一个广东"的精神，打造中国式现代化广东样板

深刻认识"走在前列"总目标蕴含的新标高，要以广东生动实践探索更多路径选择、丰富完善现代化的中国方案，深刻诠释独特世界观、价值观、历史观、文明观、民主观、生态观，精彩演绎中国式现代化的无穷魅力。习近平总书记深刻指出："推进中国式现代化，是一项前无古人的开创性事业。"[①]打造具有中国式现代化鲜明特质的国际一流湾区；开辟加

---

① 《正确理解和大力推进中国式现代化》，《人民日报》2023年2月8日。

快高质量发展新领域新赛道，塑造发展新动能新优势；探索实现共同富裕的广东路径……推进中国式现代化是一个探索性事业，有许多未知领域，需要在实践中去大胆探索。这就要求我们在坚持正确方向的前提下，坚持以改革创新来推动事业发展，大力弘扬"闯"的精神、"创"的劲头、"干"的作风，着力激活"三大动力"，积极探索推进实现中国式现代化的广东路径，打造更多广东样板。

一方面，广东将继续用好改革开放关键一招，激发高质量发展的动力活力，在科技创新、要素市场化、投融资、营商环境建设等重点领域实施更多创造型、引领型改革。基于推动高质量发展不仅要将企业自身做大，将市场做大，而且要技术赋能更多制造型企业，将中国的智能制造做大做强，肩负起加快建设制造业强国的使命。面对技术"卡脖子"，"那就要走自主研发道路，哪怕需要投入大量的时间和金钱，我们也一定要把关键核心技术牢牢掌握在中国人自己手中"。中广核惠州核电有限公司高级工程师陈泳群说。为了研发出自己的核级快响应温度传感器，他和团队历经一年的无数次实验终于取得成功。与此同时，中广核还首次实现汽轮机控制和保护系统、主蒸汽隔离阀等设备的国产化应用，他们用实际行动不断证明中广核人靠自己也能打造出技术上有保障、安全上有优势、经济上有竞争力的"国之重器"。

同时，打好外贸、外资、外包、外经、外智"五外联动"组合拳，高质量参与共建"一带一路"，打造高水平对外开放门户枢纽。2023世界粤商大会由广东省政府、广东省政协和全国工商联联合举办，首次以"世界粤商大会"冠名，围绕"全球粤商世界湾区共享未来"主题，吸引800余名海内外粤商代表、知名专家学者等参会，在更广范围内、更高水平上搭建起政企交流平台。近五年来，广东外贸相继迈上7万亿、8万亿标志性台阶，2022年的规模达8.3万亿元，总量占全国1/5，连续37年居全国第一；

实际使用外资从1384亿元扩大至1819亿元，占全国1/7；社会消费品零售总额迈上4万亿台阶，连续40年居全国首位。

另一方面，牢固树立和践行绿水青山就是金山银山的理念，将生态文明建设摆在全局工作突出位置，扎实推进绿美广东生态建设，将绿色发展建设为高质量发展的鲜明底色和澎湃动能，人与自然和谐共生的现代化广东样板加快打造。以"深攻坚"换"新面貌"，让南粤天更蓝水更清山更绿。过去在珠三角，市民一度避而远之的茅洲河早已换上新颜，如今流域内生态湿地公园一个接一个建起，碧道沿河延展，这里已成怡人乐居的生态家园。在粤东，练江穿城而过，曾经的黑臭河，如今也成了居民的"亲水河"。每逢端午，练江畔都会迎来龙舟赛，宽阔干净的水面成了最美的竞渡场。从黑臭到水质达标，再到如今的水绿岸美，广东两条污染最严重河流的变迁，照见了广东持续保护生态环境、深入打好污染防治攻坚战的生动实践。

针对突出的水污染问题，广东层层压实治水责任，以河湖长制凝聚全省治水力量；建立"流域+区域"跨市治理合作机制，破解左右岸、上下游、干支流的治理难题。广东还探索出流域综合整治、"大兵团"作战等战法，超常规补齐各类治污设施短板，以治污大项目带动环境大提升。随着大面积污染消除，广东继续用"绣花功夫"挖潜。全省重点加快补齐各地污水收集能力短板，地级以上城市生活污水集中收集率从2020年的67.2%提升至2023年上半年的77.9%。在农村，生活污水治理连续三年纳入全省民生实事，"污水靠蒸发"正向"清水绕人家"转变；在城市，河涌正在逐步改善，曾经困扰群众的黑臭水体不断消除。

针对大气污染，广东近年来加大了臭氧污染协同防控力度，针对性治理重点行业VOCs（挥发性有机物）排放，监管柴油车等移动源、整治成品油行业，坚持从源头管控土壤污染，并加快建设"无废城市"，探索固体废物源头减量、资源化利用、安全处置有效模式。持续治理下，全省生态环境改善明显。省生态环境厅监测数据显示，2023年1—8月，全省细颗粒物（PM2.5）平均浓度连续4年达到世卫组织第二阶段25微克/立方米的目标；地表水优良率为89.9%，劣Ⅴ类断面全面消除，并且2023年春夏两季近岸海域水质优良面积比例为91.5%，继续保持较高水平。

为整体推进一体化保护和修复，省财政坚持以重点项目为引领，推动韶关市广东粤北南岭山区山水林田湖草生态保护修复项目、梅州市广东南岭山区韩江中上游山水林田湖草沙一体化保护和修复工程项目先后通过中央竞争性评审，分别获得20亿元资金支持，同时在自然资源、林业、住房城乡建设、农业农村等相关领域资金安排时对两市给予倾斜，由两市统筹用于支持山水项目实施。

此外，广东省还科学开展了大规模国土绿化行动，2020—2023年省财政统筹安排56.67亿元支持全省造林绿化工作，夯实造林绿化基础。目前，我省国土绿化工作取得显著成效，森林覆盖率达53.03%，森林面积达1.43亿亩。全省有14个市获评"国家森林城市"，珠三角9市成为全国首个"国家级森林城市群建设示范区"，华南国家植物园、深圳国际红树林中心、南岭国家公园建设取得重要进展。

"再造一个广东"，就是在以往经济发展的成绩上，用绿色经济发展再交一份广东样板。截至2022年底，广东已创建8个国家生态文明建设示范市、20个国家生态文明建设示范县、7个"绿水青山就是金山银山"实践创新基地，人与自然和谐共生的现代化广东样板不断取得新突破。

（三）依靠自身独特优势，改善区域发展不均衡、不协调、不充分

广东正以"头号工程"的力度推进实施"百千万工程"，抓县域发

展、抓城镇提能、抓乡村振兴、抓城乡融合，支持县域高质量发展，促进城乡区域协调发展。

首先是大抓产业发展，全面提升县域经济综合实力。广东57个县（市）80%都属于农产品主产区或生态功能区，因此必须立足县域实际，按照"宜工则工、宜农则农、宜商则商、宜游则游"的原则，学会"靠山吃山唱山歌，靠海吃海念海经"。沿海县要做足海洋经济文章，山区县要努力把生态优势转化为产业强势，农业县则要做好"土特产"文章，推动县域产业由一产向二、三产延伸，通过强化平台引领、加快园区建设，把县域有限的资源发挥出最大效益。

其次是要持续推进以县城为重要载体的新型城镇化建设。县城处于"城尾乡头"，一头连接城市，一头连接乡村，是新阶段工业化城镇化的重要空间。一方面要加快补齐县城的公共服务设施、市政公用设施、环境基础设施和产业配套设施等短板弱项，另一方面要"跳出县城看区域"，进一步提升县城对于人才、人口和企业的吸引力及综合服务水平。"要让这些星罗棋布的县城不再是珠三角城市群的配角，而是成为我们省新旧动能加快转换、实现高质量发展的广阔舞台。"广东省发展改革委副主任、大湾区办常务副主任朱伟说。

最后还要抓好体制机制改革，以营商"软"环境培育高质量发展"硬"实力。省直机关及有关单位组团纵向帮扶支持县城高质量发展动员会上要求，深入一线的帮扶干部在实际工作中要坚持问题导向，注重基层探索，通过推动体制机制改革，激活县镇村发展活力。

另外，鼓励各组团单位以被帮扶县域作为样本"解剖麻雀"，出台本行业本领域更加精准有力的县域发展支持政策。省发展改革委作为县域经济专班的牵头单位，将在未来工作中会同有关部门做好统筹服务。

典型县	典型镇	典型村
肇庆四会市	中山市小榄镇	汕头市澄海区隆都镇前美村
2022年完成地区生产总值743.54亿元，在全省57个县市中排名第2位，此次以创先类县（市、区）入选。 县域高质量发展建立在强大的产业基础上。四会立足优势产业，打造了千亿级金属深加工产业集群，并围绕风口产业，打造千亿级新能源汽车产业集群。同时，对标新兴产业，协鑫集团四会项目实现"拿地即开工"，当地加快构建五百亿级新型储能产业集群。另外，四会还聚焦特色产业，推动同宇新材料等制造业单项冠军企业合作，打造出电子信息、精细化工、绿色建材三个百亿级产业集群。 发展县域经济的同时，四会还构建了"3223"镇域发展体系，即3个中心镇连城带乡功能持续增强，大沙镇开展新型工业化和新型城镇化融合高质量发展试点；2个工业类专业镇和2个农业类专业镇，深度发力"一镇一业"，助力群众增收致富；3个特色镇充分挖掘利用资源禀赋，通过山水观光、文化旅游、绿色低碳，发现和重塑乡村价值。	小榄镇率先启动党建引领结对帮扶促乡村振兴三年行动计划，依托2家镇属集体企业和11个经济较强社区组成6个帮扶小组，结对帮扶胜龙、坦背、太平等6个经济薄弱村，致力打造全省"百千万工程"先行先试、改革创新的样本。 一年多以来，结对帮扶工作盘活了"乌沙更寮"抗日革命根据地联络点资源、开展了永丰新涌渡头亲水四小园等一系列民心工程，6个被帮扶村在2022年的村一级集体经济收入同比增长10.72%，帮扶成效渐趋显现。 近年来，小榄在原有镇内帮扶基础上，进一步加大社会力量帮扶力度，聚焦乡村特色农业、制造业、文旅产业等领域，推动村企精准结对共建。同时，还选取8个社区为试点，立足社区地方特色、文化优势和品牌项目，聘请8名文化界名人担任"文化村长"，驻点开展主题创作、艺术培训、展览展演等，助力乡村文化振兴。	前美村全力推进乡村振兴示范带建设，推动整村人居环境整治提升，"十八丛榕"一改昔日阴暗潮湿的环境，成了村民休闲小憩的好场所，真正实现了"前美后也美"。 为激活乡村治理活力，前美村依托"十八丛榕"特色点位，打造"听民意—容成事"基层调解品牌，利用村民闲暇时间到18棵榕树下纳凉聊天的机会，以"拉家常"的方式面对面交流，让村民敢开心扉，化解矛盾纠纷苗头，着力提升共建共治共享治理效能。 "在活化古村落的同时，注重农旅融合，着力推动土地连片流转，将1300亩农田进行统一规划流转，打造现代化农业生态园示范园区。"目前该村已成功打造和美花海生态园、颐禾园等"三产融合"发展典型，与村里特色古建筑串珠成链，形成"潮侨"特色旅游线路。"和美花海生态园项目自落地运营以来，节假日日均客流量达1.5万人次，为村集体增收60万元。"

注：首批典型县镇村名单，共有22个县（市、区）、110个镇、1062个村（社区）入选。

（四）增强优秀文化资源转化，积极构建广东文化强省

党的十八大以来，以习近平同志为核心的党中央把文化建设作为"五位一体"总体布局、"四个全面"战略布局重要内容，鲜明提出坚定文化自信并将其纳入中国特色社会主义"四个自信"，引领我国文化建设在正本清源、守正创新中取得历史性成就、发生历史性变革。广东坚决贯彻落实习近平总书记、党中央决策部署，将文化强省建设纳入"1+1+9"工作部署，召开全省宣传思想工作会议、扎实推进文化强省建设大会等持续推动落实，思想文化建设得到系统性强化，文化自信和社会文明程度达到新高度。

一是理论武装持续深化。坚持把学习贯彻习近平新时代中国特色社会主义思想作为首要政治任务，建立健全第一议题制度、"大学习、深调研、真落实"工作机制，扎实开展"不忘初心、牢记使命"主题教育和党史学习教育，有力引导全省上下忠诚拥护"两个确立"、坚决做到"两个维护"。深化理论研究阐释，加强马克思主义理论研究和建设，积极构建"中心+基地"研究体系，编辑出版《广东改革开放史》《马克思主义研究文库》《中国共产党理论武装一百年》等重点理论书籍。广泛开展宣传宣讲，实施习近平新时代中国特色社会主义思想传播工程，建强做实"学习强国"广东学习平台，打造"干部讲政策、专家讲理论、百姓讲故事"宣讲格局，推动党的创新理论"飞入寻常百姓家"。用好红色资源，赓续红色血脉，出台《广东省革命遗址保护条例》，提升中共三大会址纪念馆、广州农民运动讲习所等重点红色展馆建设展示水平，上线广东红色地图、网上红色展馆，"打卡广东红"微信小程序点击量超13亿人次。

二是主流舆论不断壮大。全方位宣传习近平新时代中国特色社会主义思想，深刻阐释习近平总书记对广东系列重要讲话和重要指示精神，立体

展现全省上下牢记嘱托、感恩奋进的生动实践。围绕中国共产党成立100周年、新中国成立70周年、改革开放40周年、经济特区建立40周年和决胜全面建成小康社会、决战脱贫攻坚等开展重大主题宣传，举办"大潮起珠江""从先行先试到先行示范"等主题展览及系列音乐会、美术作品展，广泛开展群众性庆祝活动，唱响了主旋律、弘扬了正能量。加快推进媒体深度融合发展，南方+、羊城派、触电新闻、N视频等新媒体进一步发展壮大，县级融媒体中心建设广泛覆盖，新闻舆论传播力、引导力、影响力、公信力不断提升。我们全面加强意识形态阵地管理，意识形态工作领导权进一步巩固。深化网络生态治理，着力解决"饭圈"乱象、恶意营销、流量造假等群众反映强烈的问题，网络空间更加清朗。

三是社会文明程度显著提升。坚持以社会主义核心价值观为引领，推动形成与时代相适应的思想观念、精神面貌、文明风尚、行为习惯。深入实施公民道德建设工程，广泛开展中国特色社会主义和中国梦宣传教育，钟南山、黄旭华、麦贤得、卢永根、彭士禄、"硬骨头六连"、广东支援雷神山医院医疗队、东深供水工程建设者群体等先进模范事迹深入人心。出台《广东省文明行为促进条例》，用法治手段规范和促进文明行为。深化拓展文明实践，建成新时代文明实践中心（所、站）2.57万个，打造378个省级示范所、3134个省级示范站，组建文明实践志愿服务队伍5.7万支，有效打通教育服务群众"最后一公里"。推动文明创建提质升级，建成珠三角全国文明城市群，实施精神文明创建九大行动，城乡环境明显改善，行业文明不断提升。

四是文化事业和文化产业繁荣发展。推进岭南文化创造性转化、创新性发展，进一步擦亮岭南戏曲、岭南美术、广东音乐等特色品牌。统筹城市建设和文化保护，打造了广州永庆坊、潮州广济桥和牌坊街、汕头小公园等一批城市文化名片。设立广东出版政府奖，聚焦重大题材加强文艺作品创作，大型民族舞剧《醒狮》、电影《南哥》等9部作品获评全国"五个一工程"奖。持续推进网络视听平台建设和优质节目供给，不断丰富人民群众文化生活。大力推进城乡公共文化服务一体建设，白鹅潭大湾区艺术中心、广州国家版本馆、广东画院等标志性文化设施基本建成或投入使用。不断健全老区苏区、民族地区、欠发达地区公共文化设施网络，实现省市县镇村五级公共文化设施全覆盖，广泛开展文化惠民活动，人民群众的文化获得感、幸福感更加充实。推进文化产业高质量发展，现代文化产业体系和市场体系进一步健全，"文化+"新业态成为新增长点，数字出版产值、动漫产值、电影票房收入等多项指标居全国第一，文化及相关产业增加值占全省生产总值比重达到5.59%，占全国总量的13.8%，连续18年居全国首位。

五是对外文化传播交流积极有为。联动省直部门和各地市整合优质文化资源，"全省一盘棋"的对外传播格局初步形成。携手港澳打造粤港澳大湾区文化圈，成功举办粤港澳大湾区媒体峰会、智库论坛、文化艺术节。积极打造"读懂中国"国际会议（广州）、21世纪海上丝绸之路国际传播论坛、中国（广州）国际纪录片节等外宣品牌，邀请全球知名人士和专家学者开展研究交流，取得丰硕成果。精心开展岭南文化对外传播交流，持续组织实施以省长新春贺岁视频为代表的"广东向世界问好"系列对外传播项目；组织"魅力中国——广东文化周""感知广东""'桥'见中外""粤来粤有趣"两岸青年创意短片大赛等文化交流活动；推进与境外主流媒体合作，真实、立体、全面地对外讲好中国故事、大湾区故事、广东故事。建设广州市天河区、番禺区国家文化出口基地和国家对外贸易基地（深圳）工程，推动形成以新业态为重点的对外文化贸易新模式，全省文化产品和服务出口约占全国2/5，出口覆盖160多个国家和地区。

▼三 奋力走在中华民族现代文明建设前列指引广东新标高

（一）中华民族现代文明建设的科学内涵与目标定位

中华文明源远流长、博大精深，是中华民族独特的精神标识。中华民族传统文明和中华民族现代文明构成中华文明的整体。中华文明的现代复兴，是民族的，更是现代的。新时代建设中华民族现代文明，实际上就是要完成近代以来未竟的中华文明的现代转型任务和中华文明的现代复兴使命，实现中华文明从古典形态向现代形态的转变，并在这种现代转型过程中，创造中华民族的现代文明，实现中华民族的伟大复兴，将中国建成富强民主文明和谐美丽的社会主义现代化强国。

习近平总书记系列重要讲话重要指示精神，为我们担负起新的文化使命、建设中华民族现代文明和中华民族共同体，提供了强大思想武器和科学行动指南。2022年10月，习近平总书记考察河南安阳市时首次提出"中华民族现代文明"这一概念。2022年10月28日下午，习近平总书记考察位于安阳市西北郊洹河南北两岸的殷墟遗址时指出："殷墟出土的甲骨文为我们保存3000年前的文字，把中国信史向上推进了约1000年。殷墟我向往已久，这次来是想更深地学习理解中华文明，古为今用，为更好建设中华民族现代文明提供借鉴。""中华文明源远流长，从未中断，塑造了我们伟大的民族，这个民族还会伟大下去的。"①2023年6月2日，习近平总书记在文化传承发展座谈会上两次提出建设中华民族现代文明——"只有全面深入了解中华文明的历史，才能更有效地推动中华优秀传统文化创造性

---

① 《全面推进乡村振兴　为实现农业农村现代化而不懈奋斗》，《人民日报》2022年10月29日。

转化、创新性发展，更有力地推进中国特色社会主义文化建设，建设中华民族现代文明。""在新的历史起点上继续推动文化繁荣、建设文化强国、建设中华民族现代文明，要坚定文化自信，坚持走自己的路，立足中华民族伟大历史实践和当代实践，用中国道理总结好中国经验，把中国经验提升为中国理论，实现精神上的独立自主。"①此外，习近平总书记深刻阐述和概括了中华文明的五种突出特性：一是连续性，二是创新性，三是统一性，四是包容性，五是和平性。2023年6月7日，习近平总书记在致首届文化强国建设高峰论坛的贺信中再次提出建设中华民族现代文明。②

建设中华民族现代文明，首先必须明确我们要建设的中华民族现代文明是什么样的文明，有哪些基本内涵。中华民族现代文明内涵丰富，我们要从不同的角度阐释和理解。从历史视角来看，中华民族现代文明是在传统文明基础上创新性发展的现代文明；从实践视角来看，中华民族现代文明与中国式现代化共同作用、互相成就；从理论视角来看，中华民族现代文明是中国特色社会主义文化的深刻表达；从全球视角来看，中华民族现代文明是一种人类文明新形态。

建设现代文明，没有放之四海而皆准的普遍经验，更没有一成不变的模式。中华民族现代文明未来发展的关键，绝不是赋予中华文明以西方现代文明要素，而是基于中华文明自身的发展逻辑整体把握中华民族现代文明建设的进程、格局、叙事与前景，将中国建设成为社会主义文化强国。

要推动新时代文化大繁荣、建设社会主义文化强国，必须把建设中华民族现代文明落实在实际行动中，激活中华民族现代文化蕴含的丰富资源，在担负文化使命中书写"大叙事"。具体来说，要坚持中国特色社会

---

① 《担负起新的文化使命　努力建设中华民族现代文明》，《人民日报》2023年6月3日。
② 《更好担负起新的文化使命　为强国建设民族复兴注入强大精神力量》，《人民日报》2023年6月8日。

主义文化发展道路，以先进文化的前进方向引领中华民族现代文化，始终站稳人民立场，不断解放文化生产力。要培育和践行社会主义核心价值观，立足中华优秀传统文化，切实把社会主义核心价值观贯穿于社会生活的方方面面。要繁荣和发展中国特色哲学社会科学，通过哲学社会科学事业的发展为文化强国建设提供强大的精神动力和智力支撑。要繁荣文艺创作，以文艺作品充分体现中华民族现代文明的价值取向。要传承中华文化遗产，让文物说话，传承非物质文化遗产，拓展文化遗产的使用途径。要提高文化开放水平，在国际平台上交流展示中华民族现代文明，推动对外文化贸易开创新局面。要实现文化治理能力现代化，文化治理能力的提升能够为社会主义文化强国建设提供可靠保证。另外，建设中华民族现代文明还需要推动构建人类命运共同体展现"大胸怀"，在把握历史主动中回溯"大历史"，在坚守多元一体中塑造"大格局"，等等。

（二）中华民族现代文明建设的广东路径

中华文明是由多个区域性文化交汇交融而成的，区域性文化的作用发挥必将助力建设中华民族现代文明和中华民族共同体。源远流长的岭南文脉为广东留下厚重文化宝藏。广东省着力实施岭南文化"双创"工程，将重视传统文化的保护利用工作与推动岭南文化的创造性转化和创新性发展双向发力。

第一，着力抓基础，历史文化资源的数量和级别都位居全国第一方阵。在这个方面有两项工作：一是着力加强摸底排查。目前，广东省已完成第一次可移动文物普查，公布首批革命文物名录。全省现有国家重点和省级文物保护单位886个、国家级非遗代表性项目165项、省级非遗代表性项目701项，历史文化资源的数量、级别均居全国前列。10年里，全省新增两批全国重点文物保护单位65处，增长近一倍。实施国家传统工艺振兴项目，工艺美术产业产值超2000亿元，占全国产值1/4，连续十多年位居全国第一。二是着力完善政策支持，先后出台《广东省革命遗址保护条例》等地方性法规和政策文件，在全国率先取消基建考古企业收费、建立省级以上文保单位"岁修"制度、实施非遗传承群体认定等创新举措，省文物考古研究所更名扩编为省文物考古研究院，人员编制由原来50人增加至91人，有力加强了历史文化保护利用的组织领导与全面保障。

第二，着重抓资金投入，形成历史文化保护利用的社会合力。2012年以来，中央和省级财政对广东的历史文化保护利用工作投入资金逐年增加，其中近五年比上个五年同比增长37.36%。省级财政设立红色革命遗址保护利用专项资金，2019年起，安排15亿元用于红色革命遗址保护利用，引导社会资源投入。联合金融保险机构向135处省级以上革命文物保护单位免费捐赠保额达49.5亿元的保险，为全国首创。之后，出台《广东省民办博物馆工作指引》，多个地市提出建设"博物馆之城"，吸引社会力量共办特色博物馆，现在全省民办博物馆的数量达到120家，全省定级博物馆总数达84家、位居全国第二。

第三，着重抓重点考古项目，使得我省历史文化保护利用工作荣获一批"国字号"重要奖项。10年里，3个考古项目入选"全国十大考古新发现"，2个项目入选全国"百年百大考古发现"，3个项目入选"新时代百项考古新发现"，目前广东成为考古资源涉及年代最全、遗址类型最丰富、田野和水下考古并驾齐驱的省份之一。其中，水下考古成为全国的发源地和见证者，"南海一号"出水文物总数达18万件（套），成为我国最大的沉船考古发掘项目，目前正积极打造世界级的考古品牌。广州牵头成立全国海上丝绸之路申报世界文化遗产城市联盟，全省有7个城市参加该申遗工作。全省迄今共20处海丝申遗点，占全国总数近三分之一。

第四，着力抓标志性工程建设，打造一批具有广东特色、中国风范、国际水平的岭南文化新地标。白鹅潭大湾区文化艺术中心主体已封顶，广东画院新址已启用，广东省水下文化遗产保护中心已在阳江动工，省立中山图书馆已扩建，广东粤剧文化中心等重点项目正抓紧推进，广东人民艺术中心正在谋划推进。中共三大会址纪念馆、杨匏安旧居、潮汕历史文化博览中心、蔡楚生电影博物馆、红军长征粤北纪念馆等一批新建项目已经落成并布展开放。

第五，着力抓活化利用，在文旅融合中实现历史文化传承创新。在打造精品线路上，全省推出历史文化游径70条、广东省粤港澳大湾区文化遗产游径44条，大力推广南粤古驿道11条重点线路和10条全省精品红色旅游线路。在打造品牌活动上，推出广东红色文旅护照、"潮风汕韵"文旅护照等活动，粤港澳三地合作举办大湾区文化艺术节、粤剧群星会、青年文化之旅等活动。在城市文脉建设上，指导建成广州永庆坊非遗街区，设立了12间国家级非遗大师工作室；推动汕头历史文化保护利用"八个一批"工程，目前一批项目比如小公园开埠区成为当地的顶流景区；指导潮州古城实施提升行动，目前潮州文化生态保护区已进入国家的预备名录。

广东所要建设的中华民族现代文明，在习近平文化思想指引下，植根于中华文明连续、创新、统一、包容、和平的突出特性，体现中国特色社会主义文化的先进本质，借鉴吸收一切人类文明的优秀成果，为共同创造属于新时代的新文化，共同谱写中华民族现代文明新华章而不懈努力、力争走在全国前列。

▼ 四 以发展新质生产力夯实广东新标高

生产力是人们在日常生活中形成的影响和改造自然的能力，构成社会发展的决定力量。新质生产力是生产力在当代发展的新样态，具有高科技、高效能、高质量的特征，本质是先进生产力。2023年9月，习近平总书记在黑龙江考察期间首次提出"新质生产力"这一重要概念，此后又在多个重要场合作了深入论述。这些重要论述是马克思主义生产力理论的新发展，进一步丰富了习近平经济思想的内涵，为新时代全面把握新一轮科技革命和产业变革突破方向，推动生产力高质量发展，全面推进中国式现代化建设提供了根本遵循和行动指南。作为我国改革开放的排头兵、先行地、实验区，广东要在推进中国式现代化建设中继续走在前列，必须把握好时代发展新风向，充分利用本省优势条件、采取有效手段和途径发展新质生产力，以饱满精神和昂扬斗志迎接这场艰苦的竞速赛、耐力赛、接力赛。

（一）从战略高度认识发展新质生产力的重大意义

习近平总书记强调："发展新质生产力是推动高质量发展的内在要求和重要着力点，必须继续做好创新这篇大文章，推动新质生产力加快发展。"① "内在要求"和"重要着力点"的重大论断，明确了发展新质生产力的重要地位，为我国加快发展新质生产力、扎实推进高质量发展提供了根本遵循。当前，必须从战略高度深刻领悟发展新质生产力的重大意义，在新的历史起点上牢牢把握历史主动，通过坚定不移加快发展新质生产力，为推动高质量发展打牢基础。

首先，发展新质生产力是满足人民日益增长的美好生活需要的重要战略抓手。进入新时代，我国社会主要矛盾转变为人民日益增长的美好生活需要和不平衡不充分的发展之间的矛盾，人民对美好生活的向往更加强

---

① 《加快发展新质生产力　扎实推进高质量发展》，《人民日报》2024年2月2日。

烈，期盼有更好的教育、更稳定的工作、更满意的收入、更可靠的社会保障、更高水平的医疗卫生服务、更舒适的居住条件、更优美的环境、更丰富的精神文化生活。加快发展新质生产力，能为满足人民对美好生活的需要提供丰裕的物质条件。

一方面，发展新质生产力有助于更好地满足人民群众数字化智能化日常生活的需要。新质生产力代表生产力的跃升，主要体现在数字化、智能化。数字化提升生产力，智能化增添发展动能。新质生产力推动了智能化和自动化的发展，促使许多传统行业转型升级，提高了生产效率和质量。例如，智能制造、智慧农业、智能家居等领域的快速发展，使人民群众的生活更加便捷、舒适和高效。新质生产力也催生了新业态和新经济，促进了数字化和信息化的发展，加强了人与人之间的沟通和联系。例如，社交媒体、在线办公、在线教育、远程医疗、数字零售等领域的普及，使得人们可以更加便捷地获取信息、交流思想和解决问题，同时也使得人们的生活更加多元化和个性化。总之，加快发展新质生产力，有助于人们对高品质生活的追求与智能化、网络化、数字化产品紧密联系起来，更好地满足人民群众数字智能化日常生活的需要。

另一方面，发展新质生产力有助于更好地满足人民群众对绿色低碳生活的需要。绿色发展是高质量发展的底色，新质生产力本身就是绿色生产力。新质生产力是一种先进的生产力质态，它摒弃了损害、破坏生态环境的发展模式，以创新驱动推进经济、产业、能源结构绿色低碳转型升级，从而形成绿色生产力。发展新质生产力，以绿色发展为底色将高质量发展贯穿于新型工业化全过程，改革传统粗放式经济增长发展模式，通过先进的技术改造和设备升级，实现生产过程清洁化、资源利用循环化、能源消费低碳化、产品供给绿色化、产业结构高端化，持续提升工业绿色全要素生产率，有助于协同实现生产力发展与自然环境的保护，真正走向人与自然和谐共生，更好地满足人民群众对绿色低碳生活的需要。

其次，发展新质生产力是推进高质量发展的关键战略选择。新质生产力是创新起主导作用，摆脱传统经济增长方式、生产力发展路径，具有高科技、高效能、高质量的特征，符合新发展理念的先进生产力质态。新质生产力的特点是创新，关键在质优，本质是先进生产力。

一是以"新"提"质"，为高质量发展提供新动力。科技创新是高质量发展的关键所在，也是发展新质生产力的核心要素。马克思主义认为，生产力和生产关系的矛盾、经济基础和上层建筑的矛盾是人类社会的基本矛盾。其中生产力是最基本的动力因素，在社会发展中起决定性作用。发展新质生产力，将创新摆在更加突出的位置，有助于充分发挥创新对生产力的牵引作用，推动科技创新和经济发展的深度融合，促进科技创新和科技成果转化运用，推动经济发展模式从要素规模驱动转变为创新驱动，转变经济发展方式，优化经济结构，聚焦未来经济发展的新科技、新要素、新产业、新领域，获得新动能、新优势、高效能，不断推动经济高质量发展。

二是从"量大"到"质优"，为高质量发展配置新资源。改革开放以来，我国社会生产力水平大幅提升，已经形成了较为完整的经济体系，为高质量发展奠定了良好基础。但长期以来强调规模效应和资源密集型生产，以低成本劳动力、外部市场和资源为主要驱动的传统经济模式正面临越来越大的挑战，转变经济发展模式、实现高质量发展显得尤为迫切。加快发展新质生产力，表明我国经济发展正从"量"的积累转为追求"质"的突破。因此，必须加强科技创新特别是原创性、颠覆性科技创新，加快实现高水平科技自立自强，以数字化、智能化的生产方式提高资源配置效率，及时将科技创新成果应用到具体产业和产业链上，改造提升传统产业，培育壮大新兴产业，布局建设未来产业，完善现代化产业体系。

三是变"被动"为"主动",为高质量发展打造新优势。加快发展新质生产力,要求在创新、协调、绿色、开放、共享的新发展理念指引下,主动摆脱对传统增长路径的依赖,依靠科技创新驱动产业变革。这有助于在材料和能源选择上推广使用新材料和新能源,实现环境友好型发展;有助于在生产工艺上利用前沿科技改造传统生产工艺流程,实现生产现代化;有助于在人力资源上使用先进生产技术和智能化设备,将劳动者从机械重复性劳作中解放出来,实现人的现代化,从而推动现代化产业向着更加可持续、更高品质方向发展。

再次,发展新质生产力是统筹国内国际两个大局的重大战略谋划。我国进入新发展阶段,当今世界正经历百年未有之大变局,国内外环境正经历深刻变化和调整。当前和今后一个时期,我国发展仍然处于重要战略机遇期,发展先进的新质生产力既是点燃中国经济新引擎的迫切需要,也是应对外部挑战、牢牢把握未来发展主动权的迫切需要。

一方面,发展新质生产力将为我国全面建成社会主义现代化强国提供战略支撑。新质生产力由技术革命性突破、生产要素创新性配置、产业深度转型升级而催生,是适应新时代新要求的生产力新质态。科技兴则民族兴,科技强则国家强。加快实现高水平科技自立自强是我国全面建成社会主义现代化强国的战略支撑。当前,要充分抓住发展新质生产力的机会"窗口期",在行业技术标准制定、新兴科学技术布局和关键核心技术攻坚等方面抢占发展先机、占领发展高地,不断优化科技创新体系,强化国家战略科技力量,实现传统产业、新兴产业和未来产业的协调发展,以及科技创新与产业创新的协同推进。同时,技术创新和产业变革也将使高端科技人才自身的禀赋和价值得到充分发挥,使得一切有利于推进社会发展的才能和智慧充分涌流,原创性、颠覆性科技创新成果竞相涌现。只有在发展新质生产力方面取得重大突破,才能支撑中国式现代化行稳致远。

另一方面，发展新质生产力将为我国立足世界科技前沿和赢得国际竞争优势提供有力保障。从人类历史进程看，每一次重大的科技革命都带来生产力的极大提高和产业结构的优化升级，也为抓住机遇实现跨越式发展的国家提供了强大驱动力。近年来，互联网、大数据、云计算、人工智能、区块链等技术加速创新，不断催生新产业新业态新模式。世界百年未有之大变局加速演进，科技创新成为大国竞争的主要着力点，历史的机遇和挑战再次降临，必须顺势而进、主动作为。加快发展新质生产力，扎实推进高质量发展，从战略高度上看，就是瞄准新一轮科技革命和产业变革的突破方向，抓住全球产业结构调整布局中孕育的新机遇，促进人工智能、生物制造、量子科技等颠覆性技术和前沿技术加快向现实生产力转化，开辟战略性新兴产业和未来产业新赛道，建设完整、安全、高效的现代化产业体系，占据全球产业链的制高点，为全面建成社会主义现代化强国夯实物质和技术基础，增强国际竞争的战略主动权。

（二）发展新质生产力对广东发展的独特价值

发展新质生产力是新时代广东走好高质量发展之路的主攻方向和抓手，有利于全面深化改革开放，确保广东在全面建设社会主义现代化国家新征程中创造新的辉煌。

首先，发展新质生产力是推动广东高质量发展的应有之义。党的二十大报告指出，高质量发展是全面建设社会主义现代化国家的首要任务。这种发展，不仅注重量的增长，而且强调质的提升，是量和质的有机统一，不只是一个经济要求，而是经济、政治、社会、文化、生态等各领域的总规范。2024年1月31日，习近平总书记在中共中央政治局第十一次集体学习时强调，"发展新质生产力是推动高质量发展的内在要求和重要着力点……新质生产力已经在实践中形成并展示出对高质量发展的强劲推动力、支撑力"①。这一论断阐明了新质生产力对于推动高质量发展的关键意义，为现阶段和未来工作开展明确了主攻方向和抓手。新时代以来，广东凭借坚实的基础在总体上已率先实现了由高速增长阶段到高质量发展阶段的历史转向，在经济等方面表现出同全国其他地区的比较优势。同时，广东推动高质量发展依然面临一些困难和挑战，包括经济恢复的基础尚不牢固、产业发展面临转型升级压力、城乡区域发展不平衡问题依然突出和科技创新能力仍需加强等。由此，加快培育和发展新质生产力，便成为广东聚力前行，走好新时代高质量发展之路的必然选择。

其次，发展新质生产力是推动广东全面深化改革开放的有效之招。在改革开放过程中，广东扮演着关键角色，发挥了重要作用。长期以来，广东坚持以"闯"的精神奋勇争先、以"创"的劲头引领发展、以"干"的作风做出实绩，彰显了"先行者"的担当和气概，谱写了南粤大地的发展奇迹。实践发展和思想解放永无止境，改革开放也永无止境。当前，改革开放虽已走过千山万水，但仍需跋山涉水，摆在广东面前的使命更加光荣、任务更加艰巨、挑战更加严峻、工作更加伟大，需要全省人民协同一心，以更大魄力，在更高起点、更高层次、更高目标上推进改革开放。发展新质生产力，有利于推动生产关系变革，加快形成与之对应的先进生产关系。即是说，发展新质生产力对于全面深化改革提出了更高要求，起到了助推和牵引作用，表现为破除一切限制新质生产力发展的思想障碍和制度藩篱，着力解决各类重点难点问题，营造适应新质生产力发展的体制机制。此外，发展新质生产力能够在全球经济复苏乏力的时代背景下为世界经济提供新动能，有利于广东持续推进高水平对外开放，密切同国际社会的交流与合作。

---

① 《加快发展新质生产力 扎实推进高质量发展》，《人民日报》2024年2月2日。

再次，发展新质生产力是广东在中国式现代化建设中走在前列的关键之举。中国特色社会主义进入新时代，以习近平同志为核心的党中央对广东发展寄予厚望、倾注了大量心血，每逢重大关头、重要节点，都及时为广东擘画蓝图、定向领航。牢记习近平总书记的殷切嘱托，确保广东在新征程中始终敢为人先、勇立潮头，必须坚定不移推动高质量发展，筑牢"走在前列"的坚实根基。而要实现这个目标，离不开发展新质生产力这一战略之举、长远之策，以推动广东产业和科技创新发展协同并进、互促双强为契机，不断提质增效，激发现代化建设的澎湃动能。

（三）广东发展新质生产力的实践路径

广东发展新质生产力取得了阶段性成就，但仍任重道远，需要保持战略定力、增强信心底气，沿着习近平总书记的指引加速前进，在新征程中展现新作为、创造新业绩。

一是强化人才培养。人才是推进强国建设、民族复兴伟业的第一资源。广东要实现生产力的质的跃升，必须汇聚形成强大的人才支撑，要更加重视人才建设，用足用好并不断创新已有的各项人才政策，打通人才成长的环节和渠道，完善人才培养、引进、使用、合理流动的工作机制，营造有利于各类人才成长发展、干事创业的社会环境。

二是激发企业活力。二十届中央全面深化改革委员会第一次会议审议通过了《关于强化企业科技创新主体地位的意见》，并指出，强化企业科技创新主体地位，是深化科技体制改革、推动实现高水平科技自立自强的关键举措。事实上，这也是发展新质生产力的关键所在。广东企业历来富于活力、敢于创新，这是我们发展新质生产力的底气。新征程中，必须更加注重企业主观能动性的发挥，不断提升其科技创新能力，以此带动产业转型升级，实现与新质生产力发展的同频共振。

　　三是发挥市场作用。市场是新质生产力的孵化器、加速器、放大器。新质生产力的形成发展是有为政府和有效市场相互配合的结果，既离不开政府在科技研发、人才培养、财政税收等方面的支持，也得益于市场为各种新技术新业态的试验成长提供的资源和舞台。广东发展新质生产力，必须利用好自身超大规模市场的条件和机遇，自觉根据市场需求凝练科研问题，依托市场优势吸聚创新资源，运用市场机制兑现创新价值，实现由比较优势向发展胜势转化。

　　四是深化改革开放。新质生产力不只是发展命题，还是改革命题。习近平总书记指出："我们要勇于全面深化改革，自觉通过调整生产关系激发社会生产力发展活力，自觉通过完善上层建筑适应经济基础发展要求，让中国特色社会主义更加符合规律地向前发展。"[1]广东发展新质生产力，必须坚持向改革要活力，积极推进地方科技管理机构改革，探索新型举国体制的实施路径。同时，广东发展新质生产力不能闭目塞听，必须加强对外开放合作，在开放创新机制的不断完善、资源的双向流动中更好融入全球科技创新浪潮，为实现更好发展创造更多可能。

---

① 《习近平著作选读》第2卷，人民出版社2023年版，第163页。

第五章

着眼优势和挑战正确认识
广东所处的历史方位

认清历史方位是推动发展的前提，是决定发展方向、选择正确路径的根本性问题，只有历史方位把得准，方能站得高、看得深、想得透、见其远。习近平总书记亲临广东视察并发表重要讲话、作出系列重要指示，为我们奋进新征程、推进广东现代化建设指明前进方向。若想顺利实现习近平总书记赋予广东"走在前列"的使命任务，需要把握好利用好自身优势，清醒看到前进中的困难问题挑战，扬长避短，一步步朝着总目标扎实迈进。

 一 "走在前列"是广东义不容辞的责任使命

改革开放是我们党的一次伟大觉醒，是当代中国最显著的特征和最壮丽的气象。作为改革开放的前沿阵地，广东牢牢把握历史机遇，以敢为人先的大无畏精神披荆斩棘、砥砺奋进，为全国破局开路，取得了历史性成就，实现了历史性跨越。中国特色社会主义进入新时代，面对社会历史条件的深刻变化，广东继续发扬先行先试的责任担当，以习近平同志为核心的党中央对广东发展寄予厚望，赋予其"在推进中国式现代化建设中走在前列"的使命任务，为广东现代化建设指明前进方向、注入强大动力。

（一）广东是改革开放的排头兵、先行地、实验区

改革开放是中国人民和中华民族发展史上一次伟大革命，既是"决定当代中国命运的关键一招，也是决定实现'两个一百年'奋斗目标、实现

中华民族伟大复兴的关键一招"①。1978年12月召开的党的十一届三中全会，在党和国家面临向何处去的重大关头，毅然冲破错误思想的束缚，作出实行改革开放的历史性决策，实现了伟大觉醒。历史充分证实，这一科学决策是当代中国发展进步的活力之源，它正确回答了时代和实践提出的新问题，开启了改革开放和社会主义现代化建设的伟大征程，指引我们党和人民大踏步赶上并引领时代发展。四十余年来，经过全党和全国各族人民的不懈努力，在经济、政治、文化、社会、生态、外交、军事、党的建设等领域创造了举世瞩目的发展奇迹，为实现中华民族伟大复兴提供了充满新的活力的体制保证和快速发展的物质条件。这段历史在中国共产党历史、中华人民共和国发展史、中华民族发展史以及世界社会主义发展史、人类社会发展史上具有重要地位，产生了深远影响。

这场伟大革命中，作为祖国南大门的广东扮演着关键角色，发挥了重要作用。2020年10月14日，习近平总书记在深圳经济特区建立40周年庆祝大会上的讲话中指出："广东是改革开放的排头兵、先行地、实验区。"②这一论断标注了广东在改革开放中的重要地位。早在党的十八大胜利召开后不久，习近平总书记离京考察的第一站便来到广东，表示"要到在我国改革开放中得风气之先的地方，回顾我国改革开放的历史进程，宣示将改革开放继续推向前进的坚定决心"③。如此，足可见得广东对于推进改革开放和探索中国式现代化建设路径的特殊意义。具体而言，这种"先行者"的担当和贡献主要体现在以下方面。

以"闯"的精神奋勇争先。"敢闯敢试、敢为人先"是广东推进改革

---

① 习近平：《在庆祝改革开放40周年大会上的讲话》，人民出版社2018年版，第21页。

② 习近平：《在深圳经济特区建立40周年庆祝大会上的讲话》，人民出版社2020年版，第2页。

③ 《社会主义发展简史》编写组：《社会主义发展简史》，人民出版社、学习出版社2021年版，第245页。

开放的优良传统，为"杀出一条血路来"①提供了精神支撑。1978年下半年，在指导思想层面的拨乱反正刚刚开始，全国局势还"不太明朗"，党内大部分同志仍旧心有余悸之时，习仲勋便在广东主持召开学习会，公开表态支持开展真理标准问题讨论，展现了革命家坚持真理的大无畏气概，为广东在改革开放中先行一步奠定了思想基础。1979年4月，时任广东省委第一书记的习仲勋经过深入调研和慎重思考，以"只要能把生产搞上去的，就干，不要先去反他什么主义"②的胆识和魄力代表省委在中央工作会议上大胆"要权"，提出"先行一步"的设想。同年7月，中共中央下发"50号文件"③，同意对广东、福建两省"对外经济活动实行特殊政策和灵活措施"④，给予更多主动权，充分发挥两地优越条件。1980年5月，根据邓小平的提议，党中央、国务院将"出口特区"改称为"经济特区"。同年8月，批准在深圳、珠海、汕头、厦门设置经济特区。至此，广东正式踏上了探索改革开放的光荣而艰巨历程，并在这个过程中始终保持"敢为天下先"的奋进姿态，坚持大胆探索、大胆实践，在各个领域和各个方面争作表率，起到了排头兵作用。这种敢闯敢干的精神品格，成为全国改革开放的宝贵财富，为实现高质量发展注入强劲动能。

以"创"的劲头引领发展。除"有勇"外，广东在改革开放实践中还充分展现了谋略与智慧，作出了许多原创性贡献。长期以来，广东在尊重社会发展客观规律的基础上积极发挥主观能动性，以高度首创精神冲破

---

① 中共中央文献研究室：《邓小平思想年谱（一九七五—一九九七）》，中央文献出版社1998年版，第117页。

② 王全国、杨应彬、张汉青：《深切怀念习仲勋同志》，《广东党史》2002年第4期。

③ 即中共中央、国务院批转广东省委、福建省委《关于对外经济活动实行特殊政策和灵活措施的两个报告》。

④ 中共中央文献研究室：《改革开放三十年重要文献选编》上，中央文献出版社2008年版，第53页。

各种制度藩篱和思想桎梏，在全国范围内实现了各种率先，形成了一批可资借鉴的广东经验和广东成果。这些有效创制，为推进改革开放事业提供了成功范例和实践样板。1980年8月1日，《人民日报》以《清远县经济体制改革形势使人振奋》为题，在头版报道了清远关于经济体制改革的先进经验，对该地实行"超计划利润提成奖"的做法予以肯定。次年3月，国家经委和国务院体制改革办公室联合召开工业管理体制改革座谈会，决定将推广"清远经验"作为当下重要任务。1982年11月30日，国务院在五届全国人大五次会议上作的《关于第六个五年计划的报告》中，也对清远的尝试作了"取得很好的效果""大有好处"①的高度评价。轰动一时的"清远经验"，对全国各地大型国营企业推进扩大企业自主权改革具有重要启示意义。而它的诞生，最初就是在毫不起眼的广东清远氮肥厂，由全厂职工悄然试行的。改革开放以来，以"清远经验"为代表的一系列广东"智"造取得了不俗效果，为全国作出了良好示范，积累了有益经验。

以"干"的作风做出实绩。究其根本，广东身为中国改革开放排头兵、先行地、实验区的底气与信心来源于其所创造的辉煌成就。40多年来，广东始终注重发扬"干"的作风，如"拓荒牛"一般脚踏实地，以艰辛探索和辛勤劳动在南粤大地谱写了发展奇迹：经济建设上，广东实现了从相对落后的农业省向全国第一经济大省的历史性转变，整体结构不断优化，对外开放水平显著提高；政治建设上，广东不断推进治理体系和治理能力现代化建设，实现从"管理"到"治理"的成功转型，在政府治理和法治建设等方面积累了宝贵经验；文化建设上，广东全面实施文化强省战略，深入推进文化改革发展，在推动社会主义先进文化繁荣兴盛、弘扬革命文化、传承中华优秀传统文化方面交出满意答卷；社会保障上，广东实

---

① 全国人民代表大会常务委员会办公厅：《中华人民共和国第五届全国人民代表大会第五次会议文件》，人民出版社1983年版，第115页。

现了从温饱不足到总体小康再到全面小康的历史性飞跃，民生保障水平稳步提升，社会治理日趋完善；生态文明建设上，广东在促进经济社会发展的同时确保生态环境质量不断改善，生态环境承载力显著增强，在以绿色动能推动经济发展方面居于全国领先地位。这些令世界刮目相看的发展成就反映了广东披荆斩棘、埋头苦干的优良作风，展现了改革开放的磅礴伟力，奏响了实干兴邦的时代强音，为全省和全国人民以更坚定信心、更扎实作为，将改革开放引向深入提供了现实支撑。

（二）"走在前列"是新时代党中央对广东一以贯之的要求

中国特色社会主义进入新时代，以习近平同志为核心的党中央对广东发展寄予厚望、倾注了大量心血，每逢重大关头、重要节点，都及时为广东擘画蓝图、定向领航。

2012年12月7日至12日，习近平总书记先后前往深圳、珠海、佛山、广州考察调研。这次考察中，习近平总书记深刻阐明了改革开放对于促进当代中国发展进步、指引党和人民大踏步赶上时代前进步伐以及坚持和发展中国特色社会主义的重大意义，向海内外传递了将改革开放继续推向前进的坚定信号。基于广东经济社会发展的显著成就，习近平总书记对广东提出了"三个定位、两个率先"的殷切期望，即"努力成为发展中国特色社会主义的排头兵、深化改革开放的先行地、探索科学发展的试验区，为率先全面建成小康社会、率先基本实现社会主义现代化而奋斗"[①]。为在新的历史起点上推进全省工作提供了前进方向、行动指南和总体目标。

2014年3月6日，习近平总书记在参加十二届全国人大二次会议广东代表团审议时，充分肯定了广东在改革开放中的窗口作用、试验作用、排

---

① 《改革不停顿 开放不止步——习近平总书记考察广东纪实》，《南方日报》2012年12月13日。

头兵作用，从"坚持社会主义市场经济改革方向""着力推动产业优化升级""实施更加积极主动的开放战略""坚持物质文明和精神文明两手抓两手硬"四个方面提出具体要求，鼓励广东继续发扬敢为人先的精神品格，以强烈的历史担当精神争做改革的弄潮儿，在全面深化改革中走在前列。

2017年4月4日，习近平总书记对广东工作作出重要批示，在肯定广东在贯彻落实党中央决策部署和团结带领广大干部群众锐意进取、扎实工作方面都取得了重要进展的基础上，提出"四个坚持、三个支撑、两个走在前列"的最新要求，鼓励广东根据形势和任务的新变化，及时总结经验、明确方向、发挥优势、弥补不足，自觉"坚持党的领导、坚持中国特色社会主义、坚持新发展理念、坚持改革开放"，在新的起点上再创新局面，"为全国推进供给侧结构性改革、实施创新驱动发展战略、构建开放型经济新体制提供支撑，努力在全面建成小康社会、加快建设社会主义现代化新征程上走在前列"①。

2018年3月7日，习近平总书记在参加十三届全国人大一次会议广东代表团审议时，高度肯定广东在我国改革开放和社会主义现代化建设大局中的重要地位和显著作用，明确提出广东是改革开放"排头兵、先行地、实验区"，既是向世界展示我国改革开放成就的重要窗口，也是国际社会观察我国改革开放的重要窗口，勉励广东以新的更大作为开创工作新局面，"在构建推动经济高质量发展体制机制、建设现代化经济体系、形成全面开放新格局、营造共建共治共享社会治理格局上走在全国前列"②，形成了"四个走在全国前列、两个重要窗口"的新定位和新要求，对广东改革

---

① 《习近平总书记对广东工作作出重要批示》，《南方日报》2017年4月12日。
② 《习近平李克强栗战书汪洋王沪宁赵乐际韩正分别参加全国人大会议一些代表团审议》，《人民日报》2018年3月8日。

发展具有重大意义。

2018年10月22日至25日，习近平总书记先后前往珠海、清远、深圳、广州考察调研，在充分肯定广东各项工作进展的同时，结合国内国际形势的深刻变化，提出要系统掌握辩证唯物主义和历史唯物主义的方法论，以改革开放的眼光看待改革开放，充分认识新形势下改革开放的时代性、体系性、全局性问题，从"深化改革开放""推动高质量发展""提高发展平衡性和协调性""加强党的领导和党的建设"①四个方面为广东发展明确了新的工作要求，期望广东在更高起点、更高层次、更高目标上推进改革开放。

2020年10月12日至14日，习近平总书记出席深圳经济特区建立40周年庆祝大会并前往潮州、汕头、深圳考察调研，在经济特区建立40周年的关键节点深刻总结建设经验，强调"以更大魄力在更高起点上推进改革开放"②，动员特区人民和全党、全国各族人民为乘势而上开启全面建设社会主义现代化国家新征程、向第二个百年奋斗目标进军而团结奋进。

到2023年4月10日至13日，习近平总书记自党的十八大以来第四次亲临广东视察，先后到湛江、茂名、广州等地调研，为广东发展明确方向、指引路径。这次考察中，习近平总书记重申广东是改革开放排头兵、先行地、实验区的历史定位，肯定广东在中国式现代化建设大局中的重要地位和突出作用，鼓励广东"要锚定强国建设、民族复兴目标，围绕高质量发展这个首要任务和构建新发展格局这个战略任务，在全面深化改革、扩大高水平对外开放、提升科技自立自强能力、建设现代化产业体系、促进城乡区域协调发展等方面继续走在全国前列，在推进中国式现代化建设中走

---

① 《高举新时代改革开放旗帜 把改革开放不断推向深入》，《人民日报》2018年10月26日。

② 《以更大魄力在更高起点上推进改革开放——习近平总书记在广东考察时的重要讲话指明方向、催人奋进》，《光明日报》2020年10月17日。

在前列"①。

综上，党的十八大以来，习近平总书记先后四次亲临广东视察，两次参加全国两会广东代表团审议，对广东工作作出重要批示，彰显了对广东发展的殷切期望，以及对南粤人民的深情挂念。习近平总书记对广东系列重要讲话、重要指示可谓高屋建瓴、视野宏大、思想深邃、内涵丰富，尤其对广东在改革开放和社会主义现代化建设进程中始终"走在前列"的明确定位，对于指引广东当前实践和长远发展具有重大战略意义。从"三个定位、两个率先""四个坚持、三个支撑、两个走在前列""四个走在全国前列、两个重要窗口"到"在推进中国式现代化建设中走在前列"，这些表述蕴含着习近平总书记、党中央的深切厚望，体现了对广东一以贯之的期待与要求，为广东发展赋予新的使命任务，明确了广东未来的前进方向。

 二 把握好利用好广东具有的优势条件

习近平总书记关于广东在推进中国式现代化建设中走在前列的战略指引和殷切嘱托，一锤定音明确了广东工作的总目标。在正确把握改革开放的历史机遇，成功创造世所罕见发展成就的基础上奋力实现这个目标，必须深刻认识和充分利用广东具备的基础和优势。

（一）重大战略叠加优势

中国特色社会主义进入新时代，以习近平同志为核心的党中央立足

---

① 《牢牢把握高质量发展这个首要任务》，《人民日报》2023年4月19日。

于变化了的社会历史条件，从党和国家事业发展全局、广东深化改革和扩大开放实践出发，接连作出建设粤港澳大湾区、支持深圳建设中国特色社会主义先行示范区以及推进横琴、前海、南沙三大平台建设等重大战略部署，赋予广东以更大使命，使广东发展迎来重大战略叠加的宝贵机遇。

一是建设粤港澳大湾区。建设粤港澳大湾区是习近平总书记亲自谋划、部署、推动的国家战略，是新时代推动形成全面开放新格局、促进"一国两制"事业发展的重大举措。作为我国开放程度最高、经济活力最强、在国家发展大局中占据极其重要地位的区域，粤港澳大湾区包括香港特别行政区、澳门特别行政区和以广东省广州市、深圳市为代表的珠三角九市①，总面积5.6万平方公里，总人口约7000万人（到2017年末），具有显著的区位优势、雄厚的经济实力、充分集聚的创新要素、全球领先的国际化水平以及良好的合作基础。基于上述优势，粤港澳大湾区已然具备冲击国际一流湾区的基础条件，再加上提升国际竞争力、实现转型发展、创新合作机制等方面的新机遇和新挑战，由此被党中央寄予厚望，期待通过湾区人民的不懈奋斗引领国家高质量发展，逐步打造充满活力的世界级城市群、具有全球影响力的国际科技创新中心、"一带一路"建设的重要支撑、内地与港澳深度合作示范区、宜居宜业宜游的优质生活圈，从而助力强国复兴大业，同时确保香港、澳门长期繁荣稳定。对广东来说，粤港澳大湾区建设是深化改革开放、乘势而上谱写崭新篇章的大机遇和大文章。通过举全省之力办好这件大事，能够有效牵引带动全省全面深化改革、扩大高水平对外开放。具体而言，有利于贯彻落实新发展理念，深入推进供给侧结构性改革，加快培育发展新动能、实现创新驱动发展，为广东经济创新力和竞争力不断增强提供支撑；有利于强化广东的科技创新、产业协

---

① 即广东省广州市、深圳市、珠海市、佛山市、惠州市、东莞市、中山市、江门市、肇庆市。

同、优质服务功能；有利于进一步密切广东同港澳的交流合作，为人才培养和流动提供便利，为经济发展提供更多机会；有利于建立与国际接轨的开放型经济新体制，建设高水平参与国际经济合作新平台；等等。

二是支持深圳建设中国特色社会主义先行示范区。经过全国人民几十年如一日的砥砺奋斗，改革开放事业取得了辉煌成就，中国特色社会主义迎来了从站起来、富起来到强起来的伟大飞跃。在看到成绩的同时，必须清醒认识"改革不停顿、开放不止步"[①]的重要论断，尊重事物曲折发展、螺旋上升的基本规律，承认在世界百年未有之大变局加速演进，国内外重大挑战、风险、阻力、矛盾不断叠加的现实条件下，"我国改革已经进入攻坚期和深水区"[②]，面临着新的严峻挑战。正是基于对时代背景的正确研判，《中共中央、国务院关于支持深圳建设中国特色社会主义先行示范区的意见》于2019年8月正式出台，标志着深圳先行示范区建设重大战略举措的落地实施。作为我国改革开放的重要窗口，深圳曾经凭借其特有优势和顽强意志成功"杀出一条血路"，在全省、全国乃至世界范围内展现了深圳速度、传授了深圳经验、彰显了深圳精神。时至今日，面对党中央、国务院先行示范的战略安排，深圳再次承担起在更高起点、更高层次、更高目标上推进改革开放的责任，形成全面深化改革、全面扩大开放新格局；以自身实践推动实施粤港澳大湾区战略，丰富"一国两制"事业发展新实践；率先探索全面建成社会主义现代化强国新路径，为实现中华民族伟大复兴的中国梦提供有力支撑的光荣使命，朝着率先实现社会主义现代化、成为社会主义现代化强国的城市范例这一目标不断前进。对于广东而言，深圳的"先行一步"为全省高质量发展带来了新的机遇，是坚持"全省一盘棋"的先行先试。深圳对谋求率先发展的全力以赴，既是为

---

① 习近平：《论坚持全面深化改革》，中央文献出版社2018年版，第1页。
② 习近平：《论坚持全面深化改革》，中央文献出版社2018年版，第2页。

一隅增光，更是为全局添彩，能够通过自身探索和经验为广东在全面建设社会主义现代化国家新征程中走在全国前列、创造新的辉煌作出新的更大贡献。

三是推进横琴、前海、南沙三大平台建设。2019年2月发布的《粤港澳大湾区发展规划纲要》中，对加快推进深圳前海、广州南沙、珠海横琴等重大平台建设作出明确规定，寄予这些平台"充分发挥其在进一步深化改革、扩大开放、促进合作中的试验示范作用，拓展港澳发展空间，推动公共服务合作共享，引领带动粤港澳全面合作"①的战略使命和殷切厚望。随着《横琴粤澳深度合作区建设总体方案》（2021年9月）、《全面深化前海深港现代服务业合作区改革开放方案》（2021年9月）以及《广州南沙深化面向世界的粤港澳全面总体合作方案》（2022年6月）的相继出台，横琴、前海、南沙三大平台建设的基本格局初步形成，为全省推动"双区"建设提供了新的支点。总体而言，横琴、前海、南沙三大平台服务于广东深化改革、扩大开放和推动"双区"建设的共同目标，在功能定位方面各有侧重：其中，横琴方案以面向澳门为主，旨在为澳门产业多元发展创造条件，为澳门长远发展注入持久动能，同时推动澳门长期繁荣稳定和融入国家发展大局；前海方案以面向香港为主，旨在支持香港经济社会发展、增强香港同胞对祖国的向心力；南沙方案则致力于加快推动广州南沙深化粤港澳全面合作，打造立足湾区、协同港澳、面向世界的重大战略性平台。到2023年8月，《河套深港科技创新合作区深圳园区发展规划》正式发布，标志着粤港澳大湾区重大合作平台体系框架更加清晰完善。这些平台的互联共建，有利于更好发挥粤港澳三地各自比较优势，形成强大的整体效应，为广东高质量发展提供重大机遇和有力支撑。

---

① 《粤港澳大湾区发展规划纲要》，人民出版社2019年版，第50页。

（二）物质基础优势

作为改革开放的排头兵、先行地、实验区，广东以其成功实践创造了辉煌成就，为在推进中国式现代化建设中走在前列积累了丰厚的物质基础。

经济总量不断攀升。1978年，广东省生产总值总量为185.85亿元，占全国5.1%。改革开放以来，广东逐步实现了从经济相对落后的农业省向全国第一经济大省的历史跨越，创造了举世瞩目的发展奇迹。自1989年起，广东经济总量持续名列全国首位。根据2023年的数据，预计2022年全省地区生产总值达12.8万亿元，五年跨过3个万亿元级台阶、年均增长5%，连续34年居全国首位，地方一般公共预算收入达1.33万亿元，外贸进出口总额达8.3万亿元[①]。如果将广东同其他国家或地区来进行比较，它的经济规模在2014年已经超过新加坡、中国香港和台湾地区总和，甚至令澳大利亚、韩国、加拿大等发达国家"黯然失色"，是名副其实的经济大省。

产业结构优化升级。新中国成立70多年来，广东产业结构大体经历了从"一三二"到"二一三""二三一"再到"三二一"的转型升级，现代产业体系基本形成。1949年新中国成立之初，广东第一产业、第二产业、第三产业所占比重分别为60.1∶12.9∶27.0，呈"一三二"结构；1970年，第二产业超越第一产业，呈"二一三"结构；1985年，第三产业占比超越第一产业，开始呈现"二三一"结构；2013年，第三产业以47.8的比重首次超越第二产业，正式确立"三二一"结构的基本格局[②]。到2023年，三

[①] 《政府工作报告——2023年1月12日在广东省第十四届人民代表大会第一次会议上》，广东省人民政府门户网站2023年1月12日。

[②] 参见广东省统计局、国家统计局广东调查总队：《数说广东70年（1949—2019）》，广东省统计局2019年版；参见《广东改革开放史》课题组：《广东改革开放史（1978-2018年）》，社会科学文献出版社2018年版，第11-12页。

次产业比重调整为4.2：41.1：54.7①，产业结构进一步优化，农业稳固发展、工业核心竞争力增强、服务业主导经济增长的特征更加显著。

城乡区域协调发展。随着改革开放的不断深入，广东城镇化水平稳步提升。1977至2018年末，广东城镇化水平由低于全国平均水平的16.8%逐步提高到70.7%，比2018年的全国平均水平59.6%高出11.1个百分点，位居全国第四位②。2022年末，全省城镇人口比例74.79%，与同期全国平均水平相比高出9.57个百分点，继续位居上海、北京、天津3个直辖市后全国人口城镇化率的省域之首③。省内珠三角、粤东、粤西、粤北四大区域之间，经济发展更为协调。其中，珠三角地区凭借人才、资源等固有优势，发展遥遥领先，核心引领作用不断强化；粤东西北地区后发优势明显，特别自党的十八大以来，粤东西北振兴发展战略深入实施，区域间协同合作不断增强，有力推动区域协调发展，不断缩小各地差距。据统计，2012—2018年粤东西北地区人均生产总值年均增长7.5%，高于珠三角0.9个百分点；人均地区生产总值差异系数从1993年0.8061的峰值逐步下降至2018年0.6619的最低点④。

基础设施完善巩固。与新中国成立之初的举步维艰、百业待兴相比，广东基础设施建设在几十年间，尤其是改革开放以后迅速推进，在公路建设、高铁发展、港口经济、航空管道以及通信网络等方面取得突出成果，打开了事业发展新局面，为全国提供了先进经验。以交通为例，近五年

---

① 《政府工作报告——2023年1月12日在广东省第十四届人民代表大会第一次会议上》，广东省人民政府门户网站2023年1月12日。
② 参见蒋斌、王珺：《广东改革开放40年研究总论》，中山大学出版社2018年版，第24页；参见广东省统计局、国家统计局广东调查总队：《数说广东70年（1949—2019）》，广东省统计局2019年版。
③ 参见广东统计信息网：《2022年广东常住人口继续稳居全国之首 稳定增长可期》。
④ 参见广东省统计局、国家统计局广东调查总队：《数说广东70年（1949—2019）》，广东省统计局2019年版。

来，广东乘势而上，相继开工建设广湛高铁、广汕汕高铁、粤东城际铁路、深中通道等重大项目，顺利建成赣深高铁、南沙大桥等重大基础设施，推动"3+4+8"世界级机场群加快成型，机场旅客吞吐量、港口集装箱吞吐量稳居全国首位，高速公路通车总里程达1.12万公里、连续9年居全国第一，高铁运营总里程达2367公里、实现市市通高铁①。

能源开发利用成绩斐然。长期以来，广东高度重视能源开发利用工作，为全省经济社会发展和人民生活需要提供安全可靠、清洁高效的能源保障。通过不懈努力，能源已经成为广东经济发展的重要行业，以石化、电力、液化天然气为代表的能源产业迅速发展，在国内居于领先水平；全省能源产量不断增加，2018年广东一次能源生产量为7079.05万吨标准煤，比1949年新中国成立之初增长706.2倍，到2022年，达9647.31万吨标准煤；全省能源进口量持续增加，煤炭、原油、成品油、天然气等不同品种能源不断从省外调入或进口，满足基本能源需求；能源消费结构不断优化，煤炭消费比重逐步降低，清洁能源发展步伐加快，大气污染物减排得到有效控制；能源基础设施建设加快推进，其中电力装机容量居全国前列，已形成健全的电力供应网络，油气管线覆盖全省大部分地区和连接省内外，输气管道覆盖珠三角地区并连通粤东西北②。

居民收入稳步增长。在实现大跨步发展的同时，广东始终坚持人民至上的价值立场，确保发展红利更多更公平惠及广大人民，突出表现在使居民收入得到稳步增长。1978至2017年间，广东城镇和农村常住居民年人均可支配收入分别从412.13元、193.25元增加到40975.1元、15779.7元，实

---

① 《政府工作报告——2023年1月12日在广东省第十四届人民代表大会第一次会议上》，广东省人民政府门户网站2023年1月12日。

② 参见广东省统计局、国家统计局广东调查总队：《数说广东70年（1949—2019）》，广东省统计局2019年版；参见广东省统计局、国家统计局广东调查总队：《广东统计年鉴2023》，中国统计出版社2023年版，第190页。

际增长约98和81倍①。如果按照国家统计局制定的监测指标体系和方案，早在2016年，广东居民收入水平便已经达到全面小康标准②。到2022年，人民生活质量进一步提升，收入再创新高：全省居民人均可支配收入达到47064.6元，其中城镇居民56905.3元，农村居民23597.8元③，均处于全国领先水平。

（三）精神支撑优势

历史唯物主义认为，一切意识（精神）都是实践的产物，是对客观世界的反映，而意识（精神）一经产生，就会对实践具有能动的反作用。广东之所以在改革开放和现代化建设进程中领跑全国、取得了非凡成就，离不开强大精神的内在支撑。奋进新征程、扎实推进中国式现代化的广东实践，必须自觉传承和弘扬这种精神品格，为"走在前列"提供不竭动力。

弘扬"闯"的精神。中国人民是具有伟大梦想精神的人民，中华民族是充满变革和开放精神的民族。早在几千年前，我们的祖先"就秉持'周虽旧邦，其命维新'的精神，开启了缔造中华文明的伟大实践"④。可以说，"闯"的精神是刻在中华儿女骨子里的基因。作为不同文明交流的前沿阵地，广东拥有得天独厚的区位优势，具备率先发展的优渥条件，这里的开拓者和先行者们也忠实传承了这种敢闯敢试、敢为人先的精神品格，勇于开风气之先，留下了"中国各部之中，其具国民之性质，有独立不羁

---

① 参见《广东改革开放史》课题组：《广东改革开放史（1978—2018年）》，社会科学文献出版社2018年版，第17页。

② 根据《全国全面建成小康社会统计监测指标体系》和《全国全面建成小康社会统计监测方案》，居民人均可支配收入按2010年可比价达到25000元即为达标。广东2016年全体居民人均可支配收入为30296元，按2010年可比价计算，实际收入为25705元，已超过目标值。

③ 参见广东省统计局、国家统计局广东调查总队：《广东统计年鉴2023》，中国统计出版社2023年版，第281页。

④ 习近平：《在庆祝改革开放40周年大会上的讲话》，人民出版社2018年版，第39页。

气象者，惟广东人为最"①的美谈。在改革开放、现代化建设的历史性机遇中，广东人民占得先机，以大胆尝试和勇敢探索"杀出一条血路"，不负党和人民的殷切重托。新时代奋进新征程、推进广东现代化建设始终走在全国前列，必须弘扬"闯"的精神，以"再造一个新广东"的闯劲干劲拼劲再出发，摒弃守的心态、振奋创的劲头。唯有如此，才能在继往开来中再闯新路，在苦干实干中再创新业，在攻坚克难中再开新局，以新的奋斗与业绩，创造让世界刮目相看的更大奇迹。

笃行"德"的追求。自古以来，"德"是历朝历代仁人志士矢志向往的道德境界。正所谓"君子以厚德载物"（《易经·坤卦》）、"坤厚载物、德合无疆"（《象传·坤》），表现的是像大地一般广阔厚重、博大包容、不计得失的价值追求。这种崇高境界，是南粤儿女内在品性的真实写照。首先，广东人民秉持了中华文化"做人德为上、做事德为先"的优良传统，注重个体的道德修养，强调人格的不断完善，具体表现为乐善好施、甘于奉献的社会风气和正向行动。其次，广东人民传承了传统文化中和合大同的价值理想、兼容并包的博大胸怀，以广博的胸襟和气度对待新思想新事物，促使不同文化背景的族群之间相互接纳、和谐发展。再次，广东人民的德行还内蕴于通过向事物本原汲取灵感和动力，从而推动其不断发展的"返本开新"式的实践②。例如广东充分利用毗邻港澳、华人华侨众多的地缘优势，走出了一条以开放促进改革发展的成功道路。这种对于道德品行的重视和践履，为广东高质量发展注入了厚重的人文底蕴，从精神维度为"走在前列"提供了有力支撑，创造了更多可能。

展现"信"的风范。古人云，"人无信不立，事无信不成"。在中

---

① 梁启超：《戊戌政变记》，中华书局1937年版，第129页。

② 参见中共广东省委宣传部：《"广东精神"名家谈》，广东教育出版社2012年版，第46—49页。

国人的传统认知中，诚信是每个个体必须遵循的基本准则，既是人与人之间交流交往的前提基础，更是维护社会秩序、确保生产生活正常运转的重要规范和推动力量。对于广东而言，诚实守信是广东人民的传统美德。例如，身为经济第一大省，广东经济的突飞猛进，不能仅从政策、人才、技术、资金等现实性和"功利性"因素进行考量，还应充分发掘表象背后的精神内核，看到"道义性"深层原因，正确评价以诚实守信为代表的"广东精神"的积极影响。正如家喻户晓的粤语民谚"牙齿当金使"所说的那样，长期以来，一代代粤商凭借诚信为本、等价交换、公平竞争的经营理念为广东赢得了良好声誉，成就了国内外闻名的靓丽名片，一定程度上助推了经济社会发展，使广东的生意越做越大，开放程度愈来愈高。"现代化的本质是人的现代化"[①]，表现为人的思想观念、思维方式、行为方式、生活方式从传统向现代的转变，而诚实守信无疑是贯通这个过程始终的重要品格。在经济全球化趋势不可阻挡、国内社会主义市场经济体制不断完善的当前阶段，弘扬诚信为本的契约精神是广东保持优势、深化改革、再创辉煌的有力依托，构成破解发展难题、提高各方面竞争力及影响力的道德基础和内在支撑。

贯彻"行"的品格。采中原之精粹、纳四海之新风而形成的岭南文化具有多元、务实、开放、兼容、创新的特质，培育了广东人民低调务实、讷于言而敏于行的鲜明品格。近代以来，面对生死存亡的民族危机，广东有识之士不惧西方列强的悍然挑衅，以救亡图存的赤子情怀和无畏精神积极开眼看世界，学习西方的先进技术、思想、制度，谋求变革之道，于全国范围内开先河。在南粤大地上，诞生了戊戌维新运动的领袖康有为、梁启超；诞生了郑观应、何启、胡礼垣等一批颇有影响的思想家；诞生了民

---

① 中共中央文献研究室：《十八大以来重要文献选编》上，中央文献出版社2014年版，第594页。

族英雄、中国民主革命的伟大先驱孙中山；诞生了叶剑英、苏兆征、张太雷、彭湃、林伟民、叶挺等无产阶级革命家、思想家；诞生了邹伯奇、陈澧、詹天佑、钟荣光、梁培基、冯如、陈树人、高剑父、高奇峰、薛觉先、马师曾、冼星海、许崇清等著名学者、科学家、艺术家、教育家；诞生了中国近代留学先驱容闳、最早的西式医院广州眼科医局、第一份英文报纸《广州记录报》、第一家使用西式机器的继昌隆缫丝厂……这些先行者及其突出成就，有力彰显了广东人民脚踏实地、实干笃行的品格和作风，成为省内人民一脉相承的精神财富。在全面建设社会主义现代化国家开局起步的关键时刻奋力书写强国复兴的广东篇章，担负起推进中国式现代化建设的广东使命，必须始终秉持干在实处的宝贵品格和优良作风，坚持持续用力、久久为功，以实际行动迎接新的挑战，实现新的突破、创造新的辉煌。

▼三　清醒看到前进道路上面临的挑战

锚定"走在前列"总目标，扎实推进中国式现代化的广东实践可谓前途光明、任重道远，既要把握好利用好广东具有的优势条件，也要立足底线思维，结合世情、国情、省情的深刻变化正确认识前进道路上的风险挑战，在攻坚克难中赢取胜利。

（一）外部形势变化带来的挑战

当今世界正处于大发展、大变革、大调整时期，百年未有之大变局正在加速演进展开，带来新的机遇和新的挑战。一方面，和平与发展仍然是当今时代主题，世界多极化、经济全球化、社会信息化、文化多样化以及新一轮科技革命和产业变革深入发展，全球治理体系和国际秩序变革加速推进，国际力量对比深刻调整，为我国发展提供宝贵战略机遇。另一方面，世界进入新的动荡变革期，不稳定、不确定、难预料成为常态，主要表现为世纪疫情影响深远，逆全球化思潮抬头，单边主义、保护主义明显上升，世界经济复苏乏力，局部冲突和动荡频发，全球性问题加剧。这些现实问题使我国发展面临一系列不利影响和严峻挑战。

总体而言，当今世界形势变化带来的挑战可以分为两大类型，首先是发展维度的挑战。

一是全球发展遭遇严重挫折。发展是人类社会的永恒主题，是解决一切问题的总钥匙。近年来，由于世界经济频遭打击、新冠肺炎疫情蔓延等带来的负面影响，全球发展进程遭受严重冲击，不仅发展的总量不足、动能不足，南北差距、复苏分化、发展断层、技术鸿沟等问题也愈发凸显。到2023年，人类发展指数已史无前例地连续下降，世界范围内新增1亿多贫困人口，近8亿人生活在饥饿之中，粮食安全、教育、就业、医药卫生等民生领域面临更多困难。此外，新冠肺炎疫情吞噬全球发展成果，一些发展中国家因疫返贫、生乱，即使发达国家当中，也有很多人陷入生活困境。

二是世界经济复苏步履维艰。当前，世界经济长期低迷，全球增长动能不足、经济治理滞后、发展失衡三大突出矛盾悬而未决，"人类正在遭受第二次世界大战结束以来最严重的经济衰退"[1]。尽管各国想尽办法来走出低谷，如出台数万亿美元经济救助措施等，但受全球产业链供应链紊乱、大宗商品价格持续上涨、能源供应紧张等制约因素影响，世界经济的复苏势头仍然很不稳定。加之现阶段经济全球化遭遇逆流，单边主义、保

---

① 《习近平谈治国理政》第4卷，外文出版社2022年版，第460页。

护主义不断抬头，一些国家不顾大多数国家和民众的愿望，执意构筑"小院高墙"、强推"脱钩断链"，使得经济复苏的前景更加蒙上了一层阴影，令摆脱困境具有更大的不确定性。

三是各国科技竞争尤为激烈。从以往工业革命、科技革命的发展历程和深远影响来看，历次工业革命和科技革新不仅极大推动生产力的发展，而且引发世界发展格局的深刻变革，对人类历史产生巨大影响。新世纪以来，科学技术加速进步，新一轮科技革命和产业变革深入推进，以5G、人工智能、物联网、大数据、区块链等为代表的新一代信息技术正在广泛而深入地渗透到经济社会各领域，为全球发展注入强大动能、创造更多机遇的同时，不可避免地加剧了各国间的科技竞争——发达国家意图凭借固有优势，保持在全球的领先和主导地位；新兴市场国家和发展中国家渴望把握机遇，通过技术创新迎头赶上，不断缩小同发达国家之间的差距——给各国带来了新的挑战。

另一类是和平、安全维度的挑战。"安全是发展的前提，人类是不可分割的安全共同体"。[①]就历史进程而言，弥补和平赤字、破解安全困境是众望所归、人心所向，世界各国和平、发展、合作、共赢的历史潮流浩浩汤汤、不可阻挡。然而，在和平大势的背后，各种新旧问题与复杂矛盾叠加碰撞、交织发酵，世界又一次站在历史的十字路口，人类社会面临前所未有的挑战。

一是传统安全威胁。一般来说，传统安全主要包括政治安全和军事安全，而传统安全威胁意指国家主权独立、领土完整所面临的外部武力威胁。自第二次世界大战结束以来，人类社会维持了较长时间的总体和平，但威胁和平的因素并未消散，仍在悄然积聚。世界范围内，热点问题此起彼伏，军

---

① 《习近平谈治国理政》第4卷，外文出版社2022年版，第451页。

备竞赛阴霾不散，核战争的"达摩克利斯之剑"高悬。这种潜在威胁和对未来的不确定性，令人类社会面临重新陷入对抗甚至战争的风险。国家安全方面，受国际战略竞争日趋激烈，大国之间信任缺失，冷战思维卷土重来，意识形态对抗老调重弹，霸权霸道霸凌行径危害深重等因素影响，许多国家的主权独立、领土完整面临严重威胁，安全赤字日益凸显。

二是非传统安全威胁。所谓非传统安全威胁，指的是由非军事因素引发，对本国发展、稳定与安全构成严重威胁的重大问题，常见的有经济安全、金融安全、生态安全、网络安全、生物安全、粮食安全、能源安全以及恐怖主义、跨国犯罪、传染性疾病，等等。相较于传统安全威胁，非传统安全威胁具有潜伏性、突发性、多样性、关联性、全球性、发展性、普遍性的突出特点，对国际社会以及政党和国家制定应对之策提出了更高层次要求。

（二）国情发展变化带来的挑战

经过改革开放40余年的快速发展，中国人民和中华民族的历史命运发生深刻转变，尤其自党的十八大以来，我国发展进入新的历史方位，中国共产党团结带领全国各族人民开展了许多具有新的历史特点的伟大斗争，攻克了许多长期没有解决的难题，办成了许多事关长远的大事要事，赢得了彪炳史册的历史性胜利，使得民族复兴展现出无比光明的前景。立足中华民族伟大复兴的战略全局这一最大国情谋划工作，要求在充分肯定党和国家事业取得举世瞩目成就的同时，清醒认识当前阶段的不足和面临的主要问题。

一是发展不平衡不充分问题仍然突出。近年来，我国经济实力明显提升。过去一年，国内生产总值增长3%；过去五年，国内生产总值增加到121万亿元，五年年均增长5.2%[①]。虽然我国经济规模稳居全球第二，经济

---

① 《政府工作报告——2023年3月5日在第十四届全国人民代表大会第一次会议上》国务院公报，2023年第8号。

总量超过了欧盟总和，在众多领域实现了与世界并跑甚至领跑，但另一方面，在推进共同富裕、增强人民群众获得感、幸福感方面仍需下大气力，发展的不平衡不充分问题仍然突出，并成为我国当前阶段的主要社会矛盾。具体而言，我国城镇和乡村之间在居民收入、公共资源和基本公共服务等方面具有较大差距；区域协调发展仍不平衡，不同地区的技术水平、资金支持、人才资源存在较大落差；居民收入分配格局需要进一步优化，中等收入群体规模相对滞后于经济发展水平。这种严峻现实，对于推动发展全局深刻变革提出了新的要求。

二是高质量发展对提升科技创新能力提出更高要求。经过不断努力，我国科技创新成果卓著，在载人航天、探月探火、深海深地探测、超级计算机、卫星导航、量子信息、核电技术、大飞机制造、人工智能、生物医药等领域的关键核心技术方面取得重大突破，为实现高质量发展注入强大动能。尽管如此，与推进高质量发展的现实需求相比，我国科技创新能力还不够强大，面临许多卡点瓶颈。比如，农业方面，我国农产品种植和加工技术相对落后，种子对国外依赖度仍然较高；工业方面，一些关键核心技术受制于人的状况尚未根本扭转，部分关键元器件、零部件、原材料依赖进口；能源资源方面，油气勘探开发、新能源技术发展不足，油气对外依存度较高；新兴产业方面，高端装备、光电子信息、新能源汽车、光伏、风电等重点产业亟需加快发展，不断加强关键核心技术攻关以应对外部打压遏制。

三是重点领域改革还有不少硬骨头要啃。改革只有进行时，没有完成时。时至今日，中国的改革已然进入深水区，"容易的、皆大欢喜的改革已经完成了，好吃的肉都吃掉了，剩下的都是难啃的硬骨头"[1]。近十年

---

[1] 《习近平谈治国理政》第1卷，外文出版社2018年版，第101页。

来，我国共推出2000多个改革方案，关涉经济社会各领域，涵盖衣、食、住、行、教育、医疗、养老等各方面，尤其在党和国家机构改革、国防和军队改革、党的建设制度改革等领域取得突出成就，产生了积极影响。但是，在推动科技高水平自立自强，建设高标准市场体系，保障粮食、能源和资源安全，防范化解各类风险，促进经济社会发展全面绿色转型等方面，我国的改革事业依然面临一系列突出矛盾和挑战，总体形势十分严峻。由此，要求我们必须始终坚持改革的正确方向，保持改革的专注定力，以更大的政治勇气和智慧不断攻坚克难，把改革事业继续推向前进。

此外，在生态文明建设方面，我国面临的生态环境保护结构性、根源性、趋势性压力总体上尚未缓解，生态环境质量同人民群众对美好生活的期盼、建设美丽中国的目标以及构建新发展格局、推动高质量发展、全面建设社会主义现代化国家的要求相比仍有较大差距，生态环境治理能力短板明显，生态环境风险不容忽视，生态环境保护任务依然艰巨；在社会保障方面，保障体系和保障制度有待完善，许多重要问题未取得共识，人民群众在就业、教育、医疗、托育、养老、住房等方面面临不少难题……这些国情发展变化带来的现实挑战，为我们想问题、作决策、办事情提供了重要参考和基本遵循。

（三）省情发展变化带来的挑战

长期以来，在党中央坚强领导和全国各族人民大力支持下，广东以敢为人先、敢闯敢试的奋斗精神不断解放思想、改革创新，勇担使命、砥砺奋进，在推进中国式现代化建设、实现中华民族伟大复兴历史进程中谱写了壮丽篇章，为全国改革开放和现代化建设事业发展作出了重大贡献。特别是过去五年间，广东始终坚持以习近平新时代中国特色社会主义思想为指导，深入学习贯彻党的十九大、二十大精神和习近平总书记视察广东重要讲话、重要指示精神，围绕实现"走在前列"的使命任务扎实做好各项工作，取得了辉煌成就。随着成绩积累，广东的发展已经站在新的更高历史起点上，加之省情的发展变化和实践的不断推进，给当前经济社会发展带来了新的挑战。

一是经济恢复的基础尚不牢固。2022年，广东地区生产总值达129118.58亿元，同比增长1.9%，连续34年居全国首位[①]。客观而言，在全球经济复苏乏力，疫情干扰依然存在，国内需求收缩、供给冲击、预期转弱三重压力仍然较大的总体背景下，取得如此成绩实属不易，彰显了广东在高效统筹疫情防控和经济社会发展方面的积极作为和显著成效。在肯定成绩的同时，还要清醒认识到，当下省内经济恢复仍有波动，恢复基础尚不牢固。以2023年前三季度生产总值为例，广东交出了96161.63亿元的答卷，同比增长4.5%，但低于全国同期0.7个百分点，在粤苏鲁浙四省中增速垫底，也低于全年5%的预期目标。

二是产业发展面临转型升级压力。随着全球经济形势的深刻变化和我国经济发展进入新常态的现实需要，广东的汽车、电子产品、房地产等传统优势产业均遭受不同程度冲击，面临着转型升级压力。就内因而言，由于经济不断发展，各种生产要素成本不断提高，过去依靠低要素成本谋求发展的环境和模式已不复存在，转向通过创新提质升级，进而增强自身竞争力的发展方式。就外因而言，一方面，广东面临的以江苏为代表的国内竞争不断加剧，同其他省份差距逐渐缩小；另一方面，广东产业发展的外部环境充满不确定性，全球消费需求衰退、技术周期低谷、产业链重构等不利因素影响深远，同时还要提防美国通过各种手段对本省高端制造业进行打压和遏制。由此，决定了广东必须从规模性、高增速逐步转向高质量

---

① 参见广东省统计局、国家统计局广东调查总队：《广东统计年鉴2023》，中国统计出版社2023年版，第46页。

发展，不断提高产业竞争力，加快推进产业发展的转型升级。

三是城乡区域发展不平衡问题依然突出。城乡区域发展不平衡是广东高质量发展的最大短板，也是最大潜力板。城乡发展方面，随着中国特色社会主义进入新时代以来，国家和省内层面一系列强农惠农政策的相继出台，如"百千万工程"等，广东城乡发展不平衡问题得到一定程度改善。但是，由于县域综合实力整体还不够强、乡镇联城带村功能有待提升、农村发展基础仍然比较薄弱等历史遗留问题，城乡二元结构并未得到根本改变，主要表现为城市经济以现代化大工业为主，农村经济以小农经济为主；城市基础设施建设、社会保障、收入增长稳步提升，农村方面则发展相对滞后。区域发展方面，习近平总书记2023年4月在广东视察时强调，区域协调发展是实现共同富裕的必然要求，广东要下功夫解决区域发展不平衡问题。作为早在20世纪90年代中期就下大气力解决的重点顽疾，广东经济的"八二"格局仍然未能根本扭转。据统计，2022年，珠三角9个市经济总量占全省比例超过八成，粤东粤西粤北地区12个市占比不到两成，差异依然十分显著。

四是科技创新能力仍需提高。作为科技创新领先省份，广东在深入实施创新驱动发展战略、推动科技创新工作方面成效卓著，到2023年，区域创新综合能力已连续7年位居全国首位[1]。尽管处于领先地位，广东的领先优势却并不明显，在原始创新能力、自有核心技术、创新主体载体质量、创新政策落地以及创新环境营造等方面仍然存在不足，尤其在国内外科技发展形势复杂严峻的现实条件下，关键核心技术受制于人的局面尚未根本改变，破解"卡脖子"问题仍需持续发力。

---

[1] 参见崔雪芹：《中国区域创新能力评价报告2023》发布，《中国科学报》2023年11月27日。

第六章

以"再造一个新广东"的闯劲 干劲拼劲再出发

"广东是改革开放的排头兵、先行地、实验区，在中国式现代化建设的大局中地位重要、作用突出。"①2023年4月，习近平总书记再次亲临广东视察时强调，坚定不移全面深化改革扩大高水平对外开放，在推进中国式现代化建设中走在前列。习近平总书记的殷殷嘱托，为推进广东现代化建设指明前进方向、注入强大动力。2023年6月，广东省第十三届委员会第三次全体会议明确提出了"锚定一个目标，激活三大动力，奋力实现十大新突破"的"1310"具体部署。全会总结了广东在改革开放中崛起的成功经验，提出要以"再造一个新广东"的闯劲干劲拼劲再出发，摒弃守的心态、振奋创的精神，在继往开来中再闯新路，在苦干实干中再创新业，在攻坚克难中再开新局，以走在前列的奋斗与业绩，努力创造让世界刮目相看的新的更大奇迹。

▼ 一 摒弃守的心态、振奋创的精神

改革开放是一项前无古人的伟大事业，既无先例可援，亦无经典可查，只能在实践摸索中前进。在改革开放取得巨大历史成就的过程中，"敢闯敢试、敢为人先"的精神气概，"解放思想、守正创新"的创新理念，以及"披荆斩棘、埋头苦干"的行为作风发挥了重要的能动作用。在向着第二个百年奋斗目标不懈奋斗的新征程上，改革开放正在进行时，我们要"摒弃守的心态、振奋创的精神"，为广东的现代化建设积聚精神

---

① 《坚定不移全面深化改革扩大高水平对外开放 在推进中国式现代化建设中走在前列》，《人民日报》2023年4月14日。

力量。

（一）发挥"敢闯敢试、敢为人先"的精神气概

新时代以来，习近平总书记高度重视精神力量对于改革开放事业的积极能动作用，强调"广东要弘扬敢闯敢试、敢为人先的改革精神，立足自身优势，创造更多经验，把改革开放的旗帜举得更高更稳"①。在庆祝海南建省办经济特区30周年大会上，习近平总书记强调："经济特区要勇于扛起历史责任，适应国内外形势新变化，按照国家发展新要求，顺应人民新期待，发扬敢闯敢试、敢为人先、埋头苦干的特区精神，始终站在改革开放最前沿，在各方面体制机制改革方面先行先试、大胆探索，为全国提供更多可复制可推广的经验。"②值得注意的是，"敢闯敢试、敢为人先"虽然代表着一种迅猛的冲劲和走在前列的魄力，但这种"闯""试""先"并不意味着蛮干盲冲，也有一定的原则界限。习近平总书记坚持和运用唯物辩证法，在庆祝改革开放40周年大会上提出："既鼓励大胆试、大胆闯，又坚持实事求是、善作善成，确保了改革开放行稳致远。"③"我们既要敢为天下先、敢闯敢试，又要积极稳妥、蹄疾步稳，把改革发展稳定统一起来，坚持方向不变、道路不偏、力度不减"④。

改革开放以来，党中央始终鼓励广东大胆探索、大胆实践。在南方谈话"思想再解放一点，胆子再大一点，步子再快一点"精神勉励下，广东省委将精神指引转变为实践力量，发扬大胆闯、大胆试的精神，率

---

① 《弘扬敢闯敢试、敢为人先的改革精神——论学习贯彻习近平总书记广东考察重要讲话精神》，《人民日报》2018年11月1日。
② 《在庆祝海南建省办经济特区30周年大会上的讲话》，《人民日报》2018年4月14日。
③ 习近平：《在庆祝改革开放40周年大会上的讲话》，人民出版社2018年版，第36页。
④ 习近平：《在庆祝改革开放40周年大会上的讲话》，人民出版社2018年版，第37页。

先探索构建了社会主义市场经济体制，掀起了又一轮深化改革、扩大开放、加快发展的热潮。历经改革开放的飞速发展，广东不仅积累了推进社会主义现代化建设的物质基础，更是以"敢闯敢试、敢为人先"的精神气概积累了思想财富。1992年，邓小平在深圳视察时特意强调了"闯"的精神对于改革开放的重要意义，提出："看准了的，就大胆地试，大胆地闯。深圳的重要经验就是敢闯。没有一点闯的精神，没有一点'冒'的精神，没有一股气呀、劲呀，就走不出一条好路，走不出一条新路，就干不出新的事业。"[1]对于广东省而言，随着改革开放的纵深发展，"敢闯敢试、敢为人先"的精神品质已经融入了自身血液之中。新时代给广东省提出了新的要求，赋予了新的使命。作为中国第一经济大省，广东要将"闯""试""先"的精神一以贯之，与时俱进地传承和贯彻"敢闯敢试、敢为人先"的精神品质。

在新的征程上，推进改革开放的复杂程度和艰巨程度不亚于改革开放初期。正如习近平总书记提到："好吃的肉都吃掉了，剩下的都是难啃的硬骨头。"[2]广东作为改革开放的先行地，经济社会发展走在全国前列。相较于其他省份，广东更早进入了改革深水区，更先遇到了改革的硬骨头。面对深水区和硬骨头，广东如何像改革开放初期那样"杀出一条血路"，为新时代中国特色社会主义事业闯出一条新路来，成为摆在广东省委和广东人民面前的光荣使命和艰巨任务。广东省必须高举中国特色社会主义伟大旗帜，坚定走中国特色社会主义道路，必须坚定走改革开放的强国之路，积极构建对外开放新高地，必须坚定践行新发展理念，积极探索高质量发展新路。习近平总书记指出："进入新发展阶段、贯彻新发展理

---

① 《邓小平文选》第3卷，人民出版社1993年版，第372页。

② 中共中央宣传部：《习近平总书记系列重要讲话读本》，学习出版社、人民出版社2016年版，第70页。

念、构建新发展格局,是由我国经济社会发展的理论逻辑、历史逻辑、现实逻辑决定的。"①广东经济社会发展走在全国前列,率先遇到了经济社会发展中的新问题、新矛盾,如何在新发展阶段贯彻落实新发展理念、构建新发展格局,广东承担着义不容辞的探索责任。在全面建设社会主义现代化国家的新征程上,广东省要自觉坚持以习近平新时代中国特色社会主义思想为指导,自觉坚持和运用"两个结合",围绕以中国式现代化全面推进中华民族伟大复兴的中心任务,围绕高质量发展首要任务和构建新发展格局战略任务,认真落实广东省委"1310"具体部署,扎实推进中国式现代化的广东实践。

(二)坚持"解放思想、守正创新"的创新理念

一部人类历史的发展史就是一部不断总结经验,在发现和创新中前进的历史。改革开放是一项前无古人的创新实践活动,需要我们坚持"解放思想、守正创新"的创新理念,将创新思维转变为实践活动。习近平总书记在改革开放40周年大会上的讲话中强调:"创新是改革开放的生命"②,改革开放的伟大成就证明了"发展是硬道理"③,"创新是第一动力"④。党的十九届六中全会《中共中央关于党的百年奋斗重大成就和历史经验的决议》指出:"解放思想、锐意进取,创造了改革开放和社会主义现代化建设的伟大成就;自信自强、守正创新,创造了新时代中国特色

---

① 习近平:《把握新发展阶段,贯彻新发展理念,构建新发展格局》,《求是》2021年第9期。

② 习近平:《在庆祝改革开放40周年大会上的讲话》,人民出版社2018年版,第25页。

③ 《习近平著作选读》第1卷,人民出版社2023年版,第375页。

④ 《习近平著作选读》第1卷,人民出版社2023年版,第28页。

社会主义的伟大成就。"①党的二十大报告指出："我们从事的是前无古人的伟大事业，守正才能不迷失方向、不犯颠覆性错误，创新才能把握时代、引领时代。""创新是第一动力"②。在改革开放这一前无古人的伟大事业中，理论创新、实践创新、制度创新、文化创新等各方面的创新，使得改革开放不断走出新的道路、不断创造经验、不断创造奇迹。正如习近平总书记在欧美同学会成立100周年庆祝大会上强调，"在激烈的国际竞争中，惟创新者进，惟创新者强，惟创新者胜"③。

　　"解放思想是前提，是解放和发展社会生产力、解放和增强社会活力的总开关。"④在思想禁锢、思想僵化、思想保守的社会环境下，是很难产生推动社会生产力飞速发展的创新实践的。广东改革开放的实践，发轫于真理标准问题大讨论这一思想解放运动。广东省是全国最早支持关于真理标准问题讨论的省份之一，经过开展真理标准问题的讨论，摆脱了长期"左"倾错误思想的严重束缚。伴随着思想解放，广东开始充分学习探讨和熟悉运用有关市场经济和商品经济的理念与规则。在探索和形成市场机制中最核心的价格机制方面，通过学习和参考国际市场的商品和要素价格，广东在短短几年时间就创造出了综合性的价格管理、市场化取向的价格改革思路、建立市场价格调节基金制度等新理念、新思维。在探索和创办经济特区方面，通过学习和参考其他国家和地区以设立出口加工区和自由贸易区来促进本地区经济发展的经验，广东在短短几年时间，就逐步创造出一套经济发展和与对外经济交往相适应的具有中国特色的市场理念。

---

① 《中共中央关于党的百年奋斗重大成就和历史经验的决议》，人民出版社2021年版，第2页。
② 《高举中国特色社会主义伟大旗帜 为全面建设社会主义现代化国家而团结奋斗——在中国共产党第二十次全国代表大会上的报告》，《人民日报》2022年10月26日。
③ 《习近平谈治国理政》第1卷，外文出版社2018年版，第59页。
④ 《习近平谈治国理政》第1卷，外文出版社2018年版，第92页。

从思想的解放、观念的更新到各项改革的不断推进,广东在思想解放中以其"创"出的新思想为丰富和发展中国特色社会主义理论体系作出了贡献。①

新时代以来,广东的改革创新呈现出全面发力、多点突破、蹄疾步稳、纵深推进的崭新局面,其深度、广度、力度、温度前所未有,取得了明显成效。在未来,广东要继续坚持"解放思想、守正创新"的创新理念,坚持顶层设计与基层首创相结合、坚持推动各项改革创新良性互动,释放改革创新最大合力、形成改革创新强大合力。习近平总书记指出,我国改革已经进入攻坚期和深水区,进一步深化改革,必须更加注重改革的系统性、整体性、协同性,统筹推进重点领域和关键环节改革。②在新征程上,广东省的改革开放必须把"自上而下"的顶层设计和"自下而上"的群众首创、基层首创更好地融合起来、统一起来,既要沿着党中央指明的顶层设计的轨道跑出地方特色、地方力度、地方质量,又要在坚持全国一盘棋的前提下,进一步焕发基层大胆探索、勇于创新、狠抓落实的首创精神,进一步激发全社会的创造创新活力,不断积累鲜活的改革创新实践经验,形成对顶层设计的有力支撑。既要强化系统思维,着眼于整体发力,把经济、政治、文化、社会、生态等各方面改革有机衔接起来,又要强化协同带动,坚持问题导向,找准突破重点,形成示范带动效应,推动经济社会发展取得更大成就。

---

① 中共广东省委党校(广东行政学院)、王培洲:《提振"闯创干"精气神》,广东人民出版社2022年版,第33页。

② 中共中央文献研究室:《习近平关于全面深化改革论述摘编》,中央文献出版社2014年版,第30页。

（三）发扬"披荆斩棘、埋头苦干"的行为作风

中华民族的伟大复兴绝不是轻轻松松、敲锣打鼓就能实现的，改革开放的伟大成就是通过一步一个脚印的实践干出来的。我们必须要发挥"披荆斩棘、埋头苦干"的行为作风，依靠实干实践来实现目标使命。习近平总书记指出："崇尚实干、狠抓落实是我反复强调的。如果不沉下心来抓落实，再好的目标，再好的蓝图，也只是镜中花、水中月。"①"要发扬求真务实、真抓实干的作风，以钉钉子精神担当尽责，树立'功成不必在我'的境界，一件事情接着一件事情办，一年接着一年干，脚踏实地把既定的行动纲领、战略目标、工作蓝图变为现实。"②他强调，对于领导干部来说，不干事、不作为就是最大的失职，指出："面对工作难题，要有明知山有虎、偏向虎山行的劲头，积极寻找克服困难的具体对策，豁得出来、顶得上去，真正成为带领人民群众战风险、渡难关的主心骨。"③

"一步实际运动比一打纲领更重要"④。社会主义事业的伟大成就是通过党和人民埋头苦干干出来的，"披荆斩棘、埋头苦干"是广东改革开放实现每一个目标、获得每一个成果的基础力量，是贯彻"闯""试"的精神和"创"的劲头的落脚点。习近平总书记在深圳经济特区建立40周年庆祝大会上的讲话指出，深圳"首创1000多项改革举措，奏响了实干兴邦

---

① 中共中央党史和文献研究院：《习近平关于力戒形式主义官僚主义重要论述选编》，中央文献出版社2020年版，第100页。

② 中共中央党史和文献研究院、中央"不忘初心、牢记使命"主题教育领导小组办公室：《习近平关于"不忘初心、牢记使命"论述摘编》，中央文献出版社、党建读物出版社2019年版，第240-241页。

③ 中共中央党史和文献研究院：《习近平关于力戒形式主义官僚主义重要论述选编》，中央文献出版社2020年版，第102页。

④ 《马克思恩格斯文集》第3卷，人民出版社2009年版，第426页。

的时代强音,实现了由经济体制改革到全面深化改革的历史性跨越"①。以创办和建设经济特区为例,改革开放以来,各经济特区首创超过千项的改革举措,实现了由经济体制改革到全面深化改革的历史性跨越,成为我国改革开放的"排头兵",成为向全世界展示我国改革开放成就的重要窗口,这一切都得益于"实干兴邦"的干事劲头。

"实干兴邦"是中华民族的优良文化传统,是千百年来人们从历史经验教训中总结出来的治国理政的一个重要结论。新时代有了新的机遇和新的任务,全面深化改革也开始进入"深水区",开始面对诸多深层次复杂性的问题,而无论是新任务还是新问题,破题点都是实干。实干是新时代中国特色社会主义现代化发展的必由之路,实干精神是新时代中国现代化发展的价值引领。在新征程上,践行实干精神,必须做好正态度、优环境、抓重点、严制度、出实绩等方面工作。正态度就是要学习实干精神的理论渊源和精神实质,了解实干精神的丰富内涵和价值意蕴,促进广大党员和领导干部更加明确自身的社会责任和使命担当,增加实干的行为自觉。优环境就是要营造有利于实干型人才成长的政策环境,形成尊重知识、尊重劳动、尊重创造的社会风尚,传递崇尚实干的精神能量。抓重点就是要深入调查和发现身边的实际问题,找准新时代中国特色社会主义建设中出现的热点、难点和疑点问题,做到不回避矛盾、不消极懈怠,透过现象深入本质。严制度就是要以"实干"为价值导向,打通人才成长的环节和通道,加强对能干事、敢干事、有担当的实干型人才的教育和培养,同时也要建立容错纠错机制,以考核来助推实干,以实干来落实考核。出实绩就是要狠抓落实,旗帜鲜明地反对形式主义和官僚主义,着力创造出普惠更多人民群众的发展成果。

---

① 习近平:《在深圳经济特区建立40周年庆祝大会上的讲话》,人民出版社2020年版,第3页。

▼二 着力激活改革、开放、创新"三大动力"

2023年6月20日，广东省第十三届委员会第三次全体会议在广州召开。会议指出，改革开放以来，广东从相对落后的农业省崛起为第一经济大省，动力源自改革、源自开放、源自创新。奋进新征程，我们要把握规律、把握主动，着力激活改革、开放、创新"三大动力"，再造新征程广东现代化建设关键新优势。激活改革动力，再造体制机制新优势；激活开放动力，再造发展空间新优势；激活创新动力，再造发展活力新优势。敢改敢试，积极开放，创新不息，"三大动力"是广东人的宝贵基因，是广东成功经验的提炼，也是未来高质量发展征程上的圭臬。

（一）坚持把全面深化改革作为推进中国式现代化的根本动力

改革是解放和发展社会生产力的关键，是推动国家发展的根本动力。习近平总书记在主持召开二十届中央全面深化改革委员会第一次会议时强调："实现新时代新征程的目标任务，要把全面深化改革作为推进中国式现代化的根本动力，作为稳大局、应变局、开新局的重要抓手，把准方向、守正创新、真抓实干，在新征程上谱写改革开放新篇章。"[①]推进中国式现代化是一个探索性事业，还有许多未知领域，需要我们在实践中去大胆探索，通过改革创新来推动事业发展。广东省第十三届委员会第三次全体会议强调，"要推动思想再解放，以改革的办法推进改革，提振改

---

① 《守正创新真抓实干 在新征程上谱写改革开放新篇章》，《人民日报》2023年4月22日。

革精气神，激活改革动力，再造体制机制新优势"①。要坚持把全面深化改革作为推进中国式现代化的根本动力，不断解放思想、敢闯敢试，瞄准问题、善作善成，按照走在前列的标准要求谋划改革、支持改革、推进改革，全面优化高质量发展的体制和机制，把全社会的活力和创造力释放出来。

一方面，要通过全面深化改革为中国式现代化奠定更为坚实的物质基础。中国式现代化首先是经济的现代化，强调生产资料的社会性质能真正充分地实现。当前，我国经济已由高速增长阶段转向高质量发展阶段，"高质量发展是全面建设社会主义现代化国家的首要任务"②。经济高质量发展，要求增强市场活力，拓展市场半径，发挥市场效率，进一步加快建设统一大市场。广东要立足粤港澳大湾区市场基础好、市场活力强、市场化程度高的优势，推进粤港澳三地基础设施硬联通，规则机制软联通，尤其要积极推进经济运行的规则衔接和机制对接，提升区域市场一体化水平。此外，习近平总书记强调："要从两个维度来研究和布局：一是更有针对性地加快补上我国产业链供应链短板弱项，确保国民经济循环畅通；二是提升国内大循环内生动力和可靠性，提高国际竞争力，增强对国际循环的吸引力、推动力。"③在新发展格局下，全省要通过完善市场经济制度，进一步降低制度性成本，减轻市场主体负担，持续激活市场活力与动能，夯实广东经济内生可持续增长的微观基础，确保经济"量的持续合理增长"。要进一步降低准入门槛，简化办事手续程序，便利市场主体进入市场参与市场竞争，全面深度释放企业家精神及其活力，进一步壮大市场

① 《中国共产党广东省第十三届委员会第三次全体会议决议》，广东省人民政府门户网部2023年6月20日。
② 《高举中国特色社会主义伟大旗帜 为全面建设社会主义现代化国家而团结奋斗——在中国共产党第二十次全国代表大会上的报告》，《人民日报》2022年10月26日。
③ 习近平：《加快构建新发展格局 把握未来发展主动权》，《求是》2023年第8期。

主体规模，增强市场主体活力与实力。要依法保护市场主体合法权益，探索基于新一代信息技术的科学监管、弹性监管和包容性监管，警惕过严管制和过头规制，发挥公平开放竞争下的市场效率功能，实现经济秩序和经济活力的有机统一。

另一方面，要通过全面深化改革为中国式现代化提供更为完善的制度保证。"凡将立国，制度不可不察也。"推进改革的目的就是要不断推进我国社会主义制度自我完善和发展，赋予社会主义新的生机活力。持续推进中国式现代化，必须更加坚定地全面深化改革，不断完善和发展中国特色社会主义制度、推进国家治理体系和治理能力现代化。首先，国家机构改革是政治现代化的关键环节，能够优化中国式现代化进程中的体制机制，保障中国式现代化的利益协调。党的二十大报告指出："不断增强社会主义现代化建设的动力和活力，把我国制度优势更好转化为国家治理效能。"[1]我们要以国家机构改革为抓手，推进新一轮全面深化改革，完善治理体系、提升治理能力、提高治理现代化水平，从而增强中国式现代化的组织力、执行力、推进力。其次，法治体系健全，是中国式现代化推进的法律保障。党的二十大报告指出："必须更好发挥法治固根本、稳预期、利长远的保障作用，在法治轨道上全面建设社会主义现代化国家。"[2]我们必须坚持中国特色社会主义法治理论，坚持法治体系建设正确方向，深化法治领域改革，提高各领域工作法治化水平，在法治框架下保障中国式现代化的顺利实现。最后，坚持党的自我革命，能够激发建设中国式现代化的强劲动力。中国共产党始终是中国现代化事业的领导核

---

[1]　《高举中国特色社会主义伟大旗帜 为全面建设社会主义现代化国家而团结奋斗——在中国共产党第二十次全国代表大会上的报告》，《人民日报》2022年10月26日。

[2]　《高举中国特色社会主义伟大旗帜 为全面建设社会主义现代化国家而团结奋斗——在中国共产党第二十次全国代表大会上的报告》，《人民日报》2022年10月26日。

心，始终保持自我革命的清醒和自觉，始终不断自我净化、自我完善、自我革新、自我提高。"党的领导直接关系中国式现代化的根本方向、前途命运、最终成败。"①在全面深化改革中，我们要坚持全面从严治党，"勇于改革创新，不断破除各方面体制机制弊端，为中国式现代化注入不竭动力"②。

（二）推进更大范围、更宽领域、更深层次、更高水平的对内对外开放

开放带来进步，封闭必然落后。过去40余年中国经济发展是在开放条件下取得的，未来中国经济实现高质量发展也必须在开放条件下进行。习近平总书记视察广东时强调，"坚定不移全面深化改革扩大高水平对外开放""中国改革开放政策将长久不变，永远不会自己关上开放的大门""把粤港澳大湾区建设作为广东深化改革开放的大机遇、大文章抓紧做实"③。以开放促改革、促发展是广东的宝贵经验，是开放让我们得以在更大的发展空间构建更高水平的经济循环，不断实现能级跃升、释放巨大动力。广东省第十三届委员会第三次全体会议强调："要在更大范围、更宽领域、更深层次对内对外开放中拓展经济纵深，激活开放动力，再造发展空间新优势。"④面对形势的深刻变化，广东要激发开放动力活力，坚持把开放作为繁荣发展的必由之路，以更开放的视野打造窗口中的窗口，以更开放的观念争当前沿中的前沿，以更开放的格局拓展纵深中的纵

① 《正确理解和大力推进中国式现代化》，《人民日报》2023年2月8日。

② 《正确理解和大力推进中国式现代化》，《人民日报》2023年2月8日。

③ 《坚定不移全面深化改革扩大高水平对外开放　在推进中国式现代化建设中走在前列》，《人民日报》2023年4月14日。

④ 《中国共产党广东省第十三届委员会第三次全体会议决议》，广东省人民政府门户网站2023年6月20日。

深，统筹"引进来"和"走出去"、"对内开放"和"对外开放"、流动型开放和制度型开放，全面拓展高质量发展的空间和纵深，打开广州发展新天地。

一是要扩大对内开放水平，着力拓展发展新空间。作为新发展格局的战略支点，广东要更加注重内需市场拓展，加大对内开放力度。既要走出大湾区，主动走出广东，也要开放市场吸引国内企业走进大湾区、进入广东市场，进而更加主动地深度融入国内大市场大循环。要支撑起新发展格局战略支点，持续拓展经济腹地，加强对内经济联系，拓宽市场范围，增加经济纵深。要扩大发展格局和视野，主动加强与环珠三角地区的区域合作发展，扩展与周边相邻省、市区域的互补合作，拓深与海南自由贸易港、长三角、京津冀、雄安新区等区域的战略协同发展。

二是要提升对外开放，着力拓展全球大市场。落实扩大高水平对外开放继续走在全国前列的要求，广东要对标高标准国际贸易投资通行规则，着力稳步推进规则、规制、管理、标准等制度型开放，增强对国际循环的吸引力，积极拓展对外经济联系，拓展世界市场纵深，在巩固和扩大广东外向型经济优势基础上，形成国际竞争新优势。实施更大范围、更宽领域、更深层次对外开放，构建对外开放发展新格局，一方面，要把握百年变局与世界机遇，鼓励企业继续走出去，保护海外投资者权益，拓展世界市场。另一方面，要依托国内统一大市场和大湾区优越的投资环境，吸引、集聚全球范围的创新要素与资源，积极引进国外大企业、大项目。

三是要放大枢纽功能，内外互促拓展新空间。要立足粤港澳大湾区，发挥好"双区"和三大重大合作平台引领作用，增强大湾区内外循环交汇处、联结带、枢纽地、对接区功能，强化对新发展格局战略支点的有力支撑，在进出口互促、内外需扩大、利用外资和对外投资统筹、"引进来""走出去"联动、国内国外两种资源有效利用、国内国际两大市场深度联系、国内国际双循环相互促进中，持续提升国内大循环和国际大循环质量，不断拓展内外双向高水平开放创造的大市场和大空间。

（三）牢牢把握创新第一动力，把科技创新作为重中之重

在中国式现代化的新征程中，只有不断增强引领性技术创新能力，才能真正实现高水平科技自立自强。党的二十大报告指出，要"坚持创新在我国现代化建设全局中的核心地位"，加快实施创新驱动发展战略，"坚持面向世界科技前沿、面向经济主战场、面向国家重大需求、面向人民生命健康，加快实现高水平科技自立自强"[①]。广东省第十三届委员会第三次全体会议强调，"要营造崇尚创新、鼓励创新、勇于创新的浓厚氛围，把科技创新作为重中之重，创造性抓落实，激活创新动力，再造发展活力新优势"[②]。对于广东省来说，要牢牢把握创新第一动力，突出战略性抓科技创新、系统性抓创新生态、创造性抓工作落实，推动创新落到产业上、企业上和发展上，不断开辟发展新领域新赛道，大力营造崇尚创新、鼓励创新、勇于创新的浓厚氛围，以创新新动能"再造一个新广东"。

首先，要依托大湾区创新资源富集、创新要素集聚、创新氛围浓郁、创新发展基础扎实的总体优势，发挥创新极点、创新集群、创新园区、创新轴带、创新圈、创新走廊的辐射带动作用，推进构建湾区协同创新共同体，加快构建区域创新发展格局，建设国际科技创新中心，打造全球科技创新高地和新兴产业重要策源地，引领大湾区高质量发展，提升创新型经济发展质量，持续拓展经济发展纵深空间与无穷潜力。

---

① 《高举中国特色社会主义伟大旗帜 为全面建设社会主义现代化国家而团结奋斗——在中国共产党第二十次全国代表大会上的报告》，《人民日报》2022年10月26日。

② 《中国共产党广东省第十三届委员会第三次全体会议决议》，广东省人民政府门户网站2023年6月20日。

其次，要提升重点产业链上关键核心技术的自主供给能力，围绕世界级产业集群培育工程，强化统筹协调产业链的关键节点技术攻关组织与战略布局，着力解决长期制约广东制造业高质量发展的痛点难点问题，集中力量突破若干"卡脖子"技术瓶颈，显著提升关键核心技术自主供给能力。要坚持基础与应用基础研究的长期支持政策，加大科技创新投入，用好现有的各类科技重大专项、工业强基工程、高层次人才工程等，做好政策引导，强化产业科技资源配置，不断完善以企业为主体、"政产学研金"结合的科技创新体系建设。

最后，要深化人才发展体制机制改革，努力培养一批战略科学家、一流科技领军人才，大国工匠，在科技创新人才的精细管理和评价考核上锐意创新和深化改革，完善科技创新人才的管理制度和激励机制。科技创新的竞争，归根到底是人才的竞争，广东要实现高水平的科技自立自强、发展繁荣高科技产业，必须切实贯彻落实习近平总书记提出的"人才是第一资源"的人才观，更加重视科技人才队伍建设，用足用好并不断创新已有的各项人才政策，加快科技人才集聚。

▼三　奋力实现"十大新突破"

广东省第十三届委员会第三次全体会议所提出的"锚定一个目标，激活三大动力，奋力实现十大新突破"的"1310"具体部署，是紧跟习近平总书记、奋进新征程的坚定态度和郑重宣示，是把握大局、顺应规律、立足实际的科学布局，是推进中国式现代化广东实践的施工图、任务书。全省各地区各部门要围绕省委"1310"具体部署，细化实化具体化，大力弘扬"闯"的精神、"创"的劲头、"干"的作风，用广东热火朝天的生动实践、高质量发展的步步向前、人民美好生活的步步登高，充分彰显习近平新时代中国特色社会主义思想的真理力量和实践伟力。"要围绕中国式现代化建设中心任务，围绕高质量发展首要任务和构建新发展格局战略任务，突出重点、久久为功，奋力实现'十大新突破'，谱写广东现代化建设新篇章。"①

（一）在牵引全面深化改革开放上取得新突破

"要纵深推进新阶段粤港澳大湾区建设，在牵引全面深化改革开放上取得新突破"②。建设粤港澳大湾区，是习近平总书记亲自谋划、亲自部署、亲自推动的重大国家战略。总书记在2023年视察广东重要讲话中指出，粤港澳大湾区在全国新发展格局中具有重要战略地位，赋予其"新发展格局的战略支点、高质量发展的示范地、中国式现代化的引领地"③的全新定位，要求我们把粤港澳大湾区建设作为广东深化改革开放的大机遇、大文章抓紧做实。广东全省各地区各部门要乘势而上、积极作为，聚焦习近平总书记赋予的使命任务，围绕"一点两地"全新定位，对照省委"1310"具体部署及2023年推进大湾区建设的工作要点，进一步深化与港澳的共商共建，加快推进各领域的联通、贯通、融通。要全面准确贯彻"一国两制"方针，坚持软硬联通一起抓，增强全球资源配置能力，做深做实科技产业合作，高水平建设横琴、前海、南沙等重大合作平台，全力打造高质量发展重要动力源、全国经济重要增长极，加快建设具有中国式

---

① 《中国共产党广东省第十三届委员会第三次全体会议决议》，广东省人民政府门户网站2023年6月20日。

② 《中国共产党广东省第十三届委员会第三次全体会议决议》，广东省人民政府门户网站2023年6月20日。

③ 《坚定不移全面深化改革扩大高水平对外开放　在推进中国式现代化建设中走在前列》，《人民日报》2023年4月14日。

现代化鲜明特质的国际一流湾区，充分发挥大湾区建设的示范带动效应，扎实推进全面深化改革、扩大高水平对外开放。

（二）在建设更具国际竞争力的现代化产业体系上取得新突破

要"始终坚持实体经济为本、制造业当家，在建设更具国际竞争力的现代化产业体系上取得新突破"①。只有高水平地发展实体经济，推动现代化产业体系向纵深拓展，才能筑牢中国式现代化的产业根基，才能充分满足人民群众对美好生活的需要，才能在未来发展和国际竞争中赢得战略主动。"中国式现代化不能走脱实向虚的路子。"②习近平总书记在广州考察广汽埃安新能源汽车股份有限公司、乐金显示广州制造基地时强调："中国是个大国，要重视实体经济，走自力更生之路。"③此外，习近平总书记在主持召开二十届中央财经委员会第一次会议时强调："加快建设以实体经济为支撑的现代化产业体系，关系我们在未来发展和国际竞争中赢得战略主动。"④对于广东省现代化发展来说，要深入实施大产业、大平台、大项目、大企业、大环境"五大提升行动"，坚持传统产业、新兴产业、未来产业并举，智能化、绿色化、融合化并进，抓项目、建平台、优环境并推，挺起广东现代化建设的产业"脊梁"。

---

① 《中国共产党广东省第十三届委员会第三次全体会议决议》，广东省人民政府门户网站2023年6月20日。

② 《坚定不移全面深化改革扩大高水平对外开放 在推进中国式现代化建设中走在前列》，《人民日报》2023年4月14日。

③ 《坚定不移全面深化改革扩大高水平对外开放 在推进中国式现代化建设中走在前列》，《人民日报》2023年4月14日。

④ 《加快建设以实体经济为支撑的现代化产业体系》，《学习时报》2023年5月10日。

（三）在实现高水平科技自立自强上取得新突破

要"一体推进教育强省、科技创新强省、人才强省建设，在实现高水平科技自立自强上取得新突破"①。党的二十大报告指出："教育、科技、人才是全面建设社会主义现代化国家的基础性、战略性支撑。必须坚持科技是第一生产力、人才是第一资源、创新是第一动力，深入实施科教兴国战略、人才强国战略、创新驱动发展战略，开辟发展新领域新赛道，不断塑造发展新动能新优势。"②广东科技、教育、文化资源雄厚，粤港澳大湾区是全国三大国际科技创新中心之一，与此同时在外部的科技遏制打压中又首当其冲，有基础有底气更有迫切需求，必须抓住新一轮科技革命和产业变革的机遇，在实现高水平科技自立自强上走在前列。全省各地区各部门要深刻理解科技自立自强不仅是发展问题，更是生存问题，坚定信心向上攀登，坚持教育、科技、人才一体发展，既走好自主创新之路，也融入全球创新网络，掌握制胜未来的关键变量，加快构建"基础研究+技术攻关+成果转化+科技金融+人才支撑"的全过程创新链，开辟发展新领域新赛道，把广东现代化建设建立在更加安全、更为可靠的基础之上。

（四）在城乡区域协调发展上取得新突破

要"深入实施'百县千镇万村高质量发展工程'，在城乡区域协调发展上取得新突破"③。2018年10月，习近平总书记考察广东时就指出，

---

① 《中国共产党广东省第十三届委员会第三次全体会议决议》，广东省人民政府门户网站2023年6月20日。

② 《高举中国特色社会主义伟大旗帜 为全面建设社会主义现代化国家而团结奋斗——在中国共产党第二十次全国代表大会上的报告》，《人民日报》2022年10月26日。

③ 《中国共产党广东省第十三届委员会第三次全体会议决议》，广东省人民政府门户网站2023年6月20日。

"城乡区域发展不平衡是广东高质量发展的最大短板"①。这些短板、弱项不及时补上，必然影响广东现代化建设的进度和成色②。为了加快补齐短板，省委部署实施"百千万工程"，以此作为广东推动高质量发展的头号工程。在新征程上，广东省要始终牢记习近平总书记谆谆教导，提高政治站位，深化认识，进一步增强把"百千万工程"作为推动高质量发展头号工程来抓的自觉性坚定性，全力以赴一抓到底、抓出实效。要深化认识实施"百千万工程"的战略意图，清醒看到城乡区域发展不平衡是广东发展的最突出短板，锚定目标、聚焦用力，一任接着一任抓，努力把短板变为潜力板。要深化认识实施"百千万工程"的战略方向，把握重点、抓住关键，按照优势塑造工程、结构调整工程、动力增强工程、价值实现工程抓紧抓实，有效发挥牵引作用、辐射效应，推动广东现代化建设展现新气象、迈上新高度。③

（五）在打造海上新广东上取得新突破

要"全面推进海洋强省建设，在打造海上新广东上取得新突破"④。广东因海而生，更要因海而兴、因海而强。习近平总书记在广东考察时强调："要加强陆海统筹、山海互济，强化港产城整体布局，加强海洋生态保护，全面建设海洋强省。"⑤这是广东迈向中国式现代化的重要潜力所在、空间所在，也是强信心促发展的题中之义、必然要求。我们更要关心

---

① 《广东扎实推进城乡区域协调发展》，《人民日报》2023年12月24日。

② 程京武：《在推进中国式现代化建设中走在前列》，《红旗文稿》2023年第14期。

③ 《全省推进"百县千镇万村高质量发展工程"促进城乡区域协调发展现场会在茂名召开》，广东省自然资源厅网站2023年11月15日。

④ 《中国共产党广东省第十三届委员会第三次全体会议决议》，广东省人民政府门户网站2023年6月20日。

⑤ 《坚定不移全面深化改革扩大高水平对外开放 在推进中国式现代化建设中走在前列》，《人民日报》2023年4月14日。

海洋、认识海洋、拥抱海洋，向海洋进军，进一步延续向好势头，实现质的有效提升与量的合理增长。当前，广东省海洋经济发展仍存在结构不平衡、区域发展不平衡、创新驱动不充分、综合治理能力建设不充分等问题，推动海洋经济高质量发展的任务仍然艰巨。全面推进海洋强省建设，要求我们要构建科学高效的海洋经济发展格局，坚持陆海统筹、山海互济，优化海洋开发时序，强化空间规划刚性约束，高水平规划建设现代海洋城市，把浩瀚大海保护好利用好。要求我们要强化涉海基础设施、海洋科技、海洋生态等支撑保障，以扎实的基础助力海洋强省建设扬帆远航。

（六）在打造人与自然和谐共生的现代化广东样板上取得新突破

要"深入推进绿美广东生态建设，在打造人与自然和谐共生的现代化广东样板上取得新突破"[①]。促进人与自然和谐共生，是中国式现代化的本质要求之一。学习贯彻广东省委全会精神，就要深刻认识加强生态文明建设是贯彻新发展理念、推动经济社会高质量发展的必然要求，坚持以绿美广东生态建设为引领，协同推进降碳、减污、扩绿、增长，让天更蓝、山更绿、水更清、生态更优美。广东是向世界展示我国改革开放成就的重要窗口，对广东探索出一条经济建设和生态文明建设协调发展的路径具有重大意义。习近平总书记对广东生态文明建设念兹在兹，在视察广东湛江时强调："这片红树林是'国宝'，要像爱护眼睛一样守护好。"[②]广东全省上下要学习贯彻习近平生态文明思想，深入推进绿美广东生态建设，

---

① 《中国共产党广东省第十三届委员会第三次全体会议决议》，广东省人民政府门户网站2023年6月20日。

② 《坚定不移全面深化改革扩大高水平对外开放 在推进中国式现代化建设中走在前列》，《人民日报》2023年4月14日。

扎扎实实搞生态、谋发展、添后劲，提升发展"含绿量""含金量"，把祖祖辈辈留下的宝贵财富继续留给子孙后代，把生态优先、绿色发展理念融入现代化建设全过程。

（七）在交出物质文明和精神文明两份好的答卷上取得新突破

要"扎实推进文化强省建设，在努力交出物质文明和精神文明两份好的答卷上取得新突破"①。物质富足、精神富有是社会主义现代化的根本要求。正如习近平总书记所指出："只有物质文明建设和精神文明建设都搞好，国家物质力量和精神力量都增强，全国各族人民物质生活和精神生活都改善，中国特色社会主义事业才能顺利向前推进。"②奋进新征程，我们要深刻认识到文化建设既是推进中国式现代化的重要内容，也是重要动力。我们要勇担新的文化使命，坚定文化自信，增强文化自觉，推动文化繁荣发展。要坚持用党的创新理论武装头脑、教育人民、指导实践，凝聚奋进新征程的强大精神力量，涵养向上向善、刚健朴实的文化，不断丰富高品质文化供给，更好满足人民精神文化生活新期待。此外，广东在地理位置上是"交汇处"，在文化上是"交融处"。我们要做好文化交流、文明互鉴，携手港澳共建一流人文湾区，面向世界讲好中国故事、大湾区故事、广东故事，建设好展示中华民族现代文明的重要窗口。

---

① 《中国共产党广东省第十三届委员会第三次全体会议决议》，广东省人民政府门户网站2023年6月20日。
② 中共中央宣传部：《习近平总书记系列重要讲话读本（2016年版）》，学习出版社、人民出版社2016年版，第187页。

（八）在推动共同富裕上取得新突破

要"用心用情抓好民生社会事业，在推动共同富裕上取得新突破"①。党的二十大报告明确提出："坚持以人民为中心的发展思想"②是全面建设社会主义现代化国家、实现中国式现代化所必须牢牢把握的五个重大原则之一。坚持以人民为中心的发展思想，充分体现了中国共产党的理想信念和性质宗旨。中国共产党作为马克思主义政党，始终把人民立场作为根本政治立场。在新征程上，广东省要继续深入实施"民生十大工程"，推动人口高质量发展，推动高质量充分就业，采取有力有效措施破解民生难题，让现代化建设成果更多更公平惠及人民群众。要把增进人民福祉、促进人的全面发展作为用心用情抓好民生社会事业的出发点和落脚点，坚持问需于民、问计于民，尊重人民群众的主体地位和首创精神，把人民群众中蕴藏的智慧和力量充分激发出来。要结合人民群众普遍关注的教育、就业、收入分配、社会保障、医疗卫生等方面问题，推进民生社会事业建设，通过提高民生保障和基本公共服务的均衡性、可及性，实现民生社会事业发展成果由人民共享，把人民群众的评价作为衡量民生社会事业发展效果的重要指标。

（九）在构建新安全格局上取得新突破

要"扎实推进法治广东平安广东建设，在构建新安全格局上取得新

---

① 《中国共产党广东省第十三届委员会第三次全体会议决议》，广东省人民政府门户网站2023年6月20日。

② 《高举中国特色社会主义伟大旗帜 为全面建设社会主义现代化国家而团结奋斗——在中国共产党第二十次全国代表大会上的报告》，《人民日报》2022年10月26日。

突破"①。统筹发展与安全，增强忧患意识，做到居安思危，是我们党长期治国理政的一个重大原则。党的二十大报告指出，"在法治轨道上全面建设社会主义现代化国家""推进国家安全体系和能力现代化"②等，体现出统筹发展和安全的根本要求，明确了构建新安全格局的战略任务。当前，"两个大局"同步交织、相互激荡，广东作为祖国"南大门"，各种文化的交汇交流、不同价值观的交织交融、意识形态领域的交锋交战都更加复杂，遇到的风险挑战、历经的大战大考此起彼伏，在维护好国家安全和社会稳定方面责任重大、使命光荣。全省必须认真学习贯彻习近平法治思想，全面推进科学立法、严格执法、公正司法、全民守法，充分彰显法治在现代化进程中的引领保障功能。必须把维护国家安全贯穿广东工作各方面全过程，牢牢守住安全发展底线。必须坚持和发展新时代"枫桥经验"，加快打造共建共治共享的社会治理新格局。

（十）在营造良好政治生态上取得新突破

要"坚定不移加强党的全面领导和党的建设，在营造良好政治生态上取得新突破"③。营造良好政治生态是一项长期任务，必须作为党的政治建设的基础性、经常性工作，浚其源、涵其林，养正气、固根本，锲而不舍、久久为功。党的二十大报告提出："全面建设社会主义现代化国家、全面推进中华民族伟大复兴，关键在党。"④广东省要全面落实新时

---

① 《中国共产党广东省第十三届委员会第三次全体会议决议》，广东省人民政府门户网站2023年6月20日。

② 《高举中国特色社会主义伟大旗帜 为全面建设社会主义现代化国家而团结奋斗——在中国共产党第二十次全国代表大会上的报告》，《人民日报》2022年10月26日。

③ 《中国共产党广东省第十三届委员会第三次全体会议决议》，广东省人民政府门户网站2023年6月20日。

④ 《高举中国特色社会主义伟大旗帜 为全面建设社会主义现代化国家而团结奋斗——在中国共产党第二十次全国代表大会上的报告》，《人民日报》2022年10月26日。

代党的建设总要求，以党的政治建设为统领，扎实推进党的各方面建设，深刻领悟"两个确立"的决定性意义，增强"四个意识"、坚定"四个自信"、做到"两个维护"。要聚焦用党的创新理论凝心铸魂，高标准高质量推进主题教育，全面加强党的思想建设；聚焦增强政治功能和组织功能，一体推进各层级各领域党组织建设；聚焦提升现代化建设能力，打造堪当民族复兴重任的高素质干部队伍；聚焦坚持严的基调，持之以恒正风肃纪反腐，为广东推进现代化建设提供坚强政治保证。总之，广东全省各级党组织要牢记习近平总书记两个"永远在路上"的谆谆教导，既要治标也要治本，既立足当前又着眼长远，以新担当新作为奋力开创广东现代化建设新局面。

结　语

　　历史的长河奔腾不息，奋进的脚步永不停歇。在以习近平同志为核心的党中央坚强领导下，广东全省上下奏响进军高质量发展的集结号，以"再造一个新广东"的意志和干劲奋力开拓、攻坚克难，推动粤港澳大湾区建设向纵深推进，产业和科技加快融合发展，"百千万工程"实现良好开局，绿美广东生态建设扎实有力，文化强省建设深入推进，民生社会事业稳步发展，法治广东、平安广东建设有力有效，党的全面领导和党的建设持续加强，形成团结奋斗推进广东现代化建设的生动局面，中国式现代化的广东实践迈出坚实步伐。

　　今天的广东，又站在了一个新的历史起点上。笃行不怠启新程，容不得有半点彷徨、犹豫和懈怠，必须始终保持越是艰险越向前的英雄气概，始终保持敢教日月换新天的昂扬斗志，始终保持行百里者半九十的清醒认识，在新的伟大征程上披荆斩棘、勇往直前。广东全省上下要把准广东现代化建设的目标定位，深入贯彻落实习近平总书记重要指示批示精神，准确把握习近平总书记、党中央战略考量，学习好运用好规律性认识，保持定力、把准方向，推动广东现代化建设行稳致远。要深刻把握推进中国式现代化这个最大的政治，坚定自觉坚持"两个确立"、做到"两个维护"，坚决扛起总书记赋予广东的使命任务，在新征程上干在实处、走在前列；深刻把握坚持高质量发展这个新时代的硬道理，正确认识和处理"稳"与"进"、"立"与"破"、"质"与"量"、"短板"与"长板"等关系，牢固树立正确的发展观、现代化观；深刻把握改革开放这个关键一招，传承弘扬敢闯敢试、敢为人先的改革精神，以守正创新的正气和锐气、以更大决心和力度全面深化改革开放；深刻把握"两个大局"相互交织下的发展大势，保持战略定力和必胜信心，敢于斗争、善于斗争，抢抓机遇、用好机遇，准确识别时与势、危与机、利与弊，在战胜风险挑战中把广东现代化建设不断推向前进。

凝心聚力担使命，勇毅前行向未来。锚定习近平总书记赋予广东的使命任务，广东要在"五个统筹"上下功夫，切实在推进中国式现代化的广东实践中展现新作为、创造新业绩。一是要统筹推进深层次改革和高水平开放，围绕做实粤港澳大湾区"一点两地"的全新定位深化粤港澳合作，更好发挥大湾区支撑带动作用，聚焦教育、科技、人才、营商环境、企业治理等重点领域和关键环节全面深化改革，在持续推进双向开放中增加经济纵深，有效激活广东高质量发展内生动力。二是要统筹推进实施扩大内需战略和深化供给侧结构性改革，推动经济实现质的有效提升和量的合理增长，激发有潜能的消费，扩大有效益的投资，不断扩大内需稳固增长大盘，坚持实体经济为本、制造业当家，加快新型工业化进程，大力发展新质生产力，全面构建现代化的产业体系、企业体系，坚持以应用为牵引增强科技创新能力，打造具有全球影响力的产业科技中心。三是要统筹推进城乡融合和区域协调发展，推动"百千万工程"建设加力提速，进一步做强县域特色产业、提升城镇建设能级、打造和美乡村，强化区域协同融通和陆海统筹联动，推动珠三角地区和粤东粤西粤北地区联动发展，加快建设海洋强省，为促进城乡区域协调发展注入新动能。四是要统筹推进物质文明和精神文明建设，加快建设文化强省，着力提高社会文明程度，深入推进绿美广东生态建设，持续提升发展"含绿量""减碳量""含金量"，深入实施"民生十大工程"，实打实保障和改善民生，努力创造物质更富足、精神更富有、环境更优美的高品质生活。五是要统筹推进高质量发展和高水平安全，加快构建新安全格局，扎实推进全面依法治省，全力防范化解重点领域风险，全面提升维护公共安全效能，大力推进社会治理现代化，努力建设更高水平的法治广东、平安广东。

办好广东的事情，关键在党。要实现广东现代化建设的奋斗目标，广东必须深化自我革命，全面从严治党，以高质量党建引领和保障广东高质量发展、现代化建设。要深入推进党的政治建设，始终保持政治敏锐性，不断提高政治判断力、政治领悟力、政治执行力，把坚持"两个确立"、做到"两个维护"贯穿广东现代化建设全过程各方面；深入推进理论武装，坚持不懈用习近平新时代中国特色社会主义思想凝心铸魂，更好把党的创新理论转化为改造社会、推动实践的强大力量；深入推进基层建设，严密上下贯通、执行有力的组织体系，不断增强各级党组织的政治功能和组织功能；深入推进选贤任能，着力打造堪当重任的高素质干部人才队伍；深入推进正风肃纪反腐，不断巩固发展风清气正的良好政治生态。

后　记

　　为深入学习宣传贯彻党的二十大精神和中共广东省委十三届三次全会精神，推动"1310"具体部署的全面落实，《奋力建设现代化新广东研究丛书》应运而生。《广东现代化建设目标定位研究》是该丛书的第一分册。2023年4月10日至13日，习近平总书记亲临广东视察并发表重要讲话、作出系列重要指示，对广东各项工作取得的新成绩给予肯定，寄望广东"在推进中国式现代化建设中走在前列"。这是习近平总书记立足中国式现代化建设战略全局赋予广东的使命任务，也是广东在新征程中必须始终坚守的方位、必须始终扭住的标高、必须始终瞄准的目标。

　　广东是改革开放的排头兵、先行地、实验区，在中国式现代化大局中具有十分重要的地位和作用。推进中国式现代化的广东实践，首先必须把准目标定位。鉴于此，本书紧紧围绕习近平总书记赋予广东的总目标，分析探讨广东现代化建设的目标定位，为推进中国式现代化的广东实践提供理论借鉴和现实指引。

　　本书稿由张浩提出全书构想和各章节的写作提纲。具体分工如下：序言，张浩；第一章，唐扬；第二章，张虎平；第三章，徐世长；第四章，徐旖瑶；第五章，鲁杜阳明；第六章，殷艺娜；结语，张浩。全稿由张浩拟出提纲，进行修改、校对，并完成最后统稿、定稿工作。

　　经过大家的努力近日终于成书，但由于时间紧迫和水平有限，书稿难免存在许多不够完善的地方。在撰写过程中，我们参考了广东现代化建设研究等领域专家学者的许多研究成果和资料，在此表示深深的谢意，并希望同行专家多批评指正。本书的出版得到南方出版传媒、广东人民出版社和中山大学中共党史党建研究院的大力支持，在此深表感谢。

张　浩

2024年于广州